都是大腦搞的鬼

KO生活大騙局，

揭露行銷詭計、掌握社交秘技、

搶得職場勝利。

謝伯讓 ── 著

推薦序

許多年前我擔任中正大學哲學研究所所長時,有一位剛錄取的研究生新生跑到我的研究室來,說要跟我做研究。我問他為什麼要找我,他說他想研究意識,問過台大心理系幾位教授的意見,大家都說去中正大學找某某人。這位新生就是謝伯讓。他讓我大開眼界,這個學生的大腦似乎永遠處在飢餓的狀態,有問不完的問題,丟給他讀的論文一下子就讀完了。我只好比他還用功,才能永遠有新資料給他讀。

收到時報出版社寄來的書稿,一讀就停不下來,一口氣把整本書讀完。這些年來,謝伯讓在學術上已成為國際學界上升中的新星,這本書展現了他的多元興趣與深厚的學術背景。讀書讀一輩子,這本書是我讀過的唯一能將最新的學理和日常生活經驗,以非常有趣的方式交織在一起,藉著輕鬆小品文的筆調,帶進非常專業的學術理論的書。讀者輕輕鬆鬆地就學到了腦科學新知。事實上本書不僅僅談腦科學,謝伯讓也不著痕跡地植入了他的哲學觀點。

大腦與心靈的關係一直是西方學界未解決的難題。心靈是大腦產生的嗎?如果不是,那是不是如笛卡爾所主張,心靈是

獨立於大腦的實體？為什麼不論腦科學再怎麼進步，心靈或意識總是一再抗拒被化約到純粹神經生理機制？為什麼泛靈論（萬物皆有靈）仍然是主流學界不退的一個選項？本書雖然沒有明確告訴你答案，但是已開啟了一扇窗，敏銳的讀者應可以感覺到，瞭解了心靈，也就瞭解了世界。我相信這就是很多年前引導一位年輕人走進我的研究室，告訴我他要研究意識的主要動力吧！

———— 陽明大學心智哲學研究所教授 洪裕宏

推薦序

伯讓寫出這本《都是大腦搞的鬼》，一點都不是偶然發生的。
他在唸台大植物系（現在已經與動物系合併成生命科學系）
之時，來上過我當時在國內第一次講授的「視覺與意識」，
是一位與我兒子一樣染金頭髮、早已立定學術志向、多才多
藝的資優生。大概是三年前吧，請過他到中國醫藥大學做一
次公開學術演講，發現他已是一位觀點獨具，卓然有成的年
輕國際級學者了，目前在新加坡國立大學與杜克大學（Duke）
合辦的醫學院，擔任腦科學教席，並成立「腦與意識實驗室」。

伯讓與他太太高薏涵志同道合，熱切喜愛生活中的一切，而
且懂得怎麼過日子，兩人在美國求學時就合譯了一本飲食心
理學名著《瞎吃》，合寫了一本《波士頓》旅遊書。伯讓在
2008 年拿到博士學位之前，又翻譯了一本著名科普作家鮑爾
（Philip Ball）的大部頭書《用物理學找到美麗新世界：洞悉事
物如何環環相扣》（Critical Mass）。他也在國語日報連載「布
朗博士的腦科學世界」，更開設臉書與部落格，深入淺出談
他喜歡的心理行為與背後的腦科學原理。

《都是大腦搞的鬼》這本書的出現，因此一點都不偶然，這

是基於伯讓處處都想尋找生活與生命中的有趣主題，又想對其中所涉的困難科學原理加以點破，自己又親自下海做第一流研究來解密，所獲得的成果。這本書中有各種有趣的題材，如高明的行銷手法與保險業務員如何操弄人心、權力如何腐化、有自由派的基因嗎、詐騙集團的社交騙局、有沒有可以成為萬人迷的社交秘笈、睡眠時可以學習嗎、右腦能不能開發、吃糖會變笨嗎、人的記憶可以遺傳嗎、人的偏見怎麼來的等等。不管什麼題目，伯讓總是能夠充滿熱情娓娓道來，又有一流科學家的觀點與證據，比諸任何一本現在市面上流行的行為或神經經濟學暢銷書，一點都不遜色。當然，這都不是偶然造成的。

———— 前教育部長 黃榮村

CONTENTS

自序

在江湖上打滾，似乎都得先報上名號：我名叫謝伯讓，人稱「布朗」。

之所以叫作「布朗」，是因為我的好友幫我取了一個與「伯讓」諧音的英文名字：「Brown」。此英文名字翻回中文，就變成了「布朗」。這個布朗，也就是在國語日報上連載「布朗博士的腦科學世界」的那位布朗博士。

我是一名腦科學家。嚴格說起來，是認知神經科學家。但是我不太喜歡說我是認知神經科學家，因為這個名詞聽起來有點像是在吊書袋，而且每次一說「認知神經科學」，大家都不知道那是什麼。「是研究精神病的嗎？」、「是神經外科醫師嗎？」、「需要每天接觸病人嗎？」

答案都不是。

腦科學，基本上就是透過科學方法研究心靈與大腦的一門科學。而腦科學家，就是研究大腦的科學人。或者我們也可以說，每一個腦科學家，其實都是一顆試圖瞭解自己的大腦。

仔細的說，我們的研究對象，是人類的認知能力，也就是如何感知並和世界互動的能力。它可以說是心理學的一個分支，但採用了神經科學的生物實驗方法來進行研究。由於人類的認知能力主要來自大腦，因此也可以稱之為「腦科學」。

認知神經科學研究的主題非常廣泛，人類的任何一舉一動，都是它的研究對象。由於人類的任何行為，幾乎都必須用到大腦，看書、下棋、思考、記憶、語言、情緒、睡眠、意識、聽音樂、注意力等各種行為無所不包，因此，這些通通都可以是認知神經科學的研究主題。

為什麼我會選擇研究腦科學？

對我來說，腦科學是全世界最棒的研究領域，因為，生而為人，最重要的一件事就是瞭解自己，透過研究人類一舉一動背後的生理機制和心理原則，或許我們將有機會領悟人的本質和意義。

這個研究的方向，是我還在大學念書時就做下的決定。對我來說，瞭解自己、瞭解人類自身的行為，是生而為人最重要的事情之一。因此在大學時，我選擇念生命科學。但是後來我發現，人類的大腦和心智其實才是生命中最特殊的現象，而生命科學似乎無法在細胞和分子生物學的層次中觸及到心靈的本質。因此大學畢業、當完兵之後，我進入了中正大學念心靈哲學研究所，希望從比較理論的角度重新探討心智與心靈的本質。

哲學碩士畢業後，我理解到一件事：就是在研究心靈的各種取徑中，哲學扮演的角色，就是透過邏輯和概念分析來提供各種可能的理論；而科學所扮演的角色，則是透過實驗與經驗證據來排除各種錯誤的理論。換言之，哲學就是不斷的去

出想法來極大化可能的理論空間，而科學則是不斷的排除錯誤理論來極小化實際的理論空間。

在當時，我已經受過了基本的哲學訓練，但是，科學方面的訓練卻仍有不足，因此，我決定在念博士班時挑戰科學的訓練。那時我也下定了另一個決心：如果我要把做研究當成我一生的職業，那我一定要挑戰最困難、最深刻的問題和領域來研究。所以我選擇心靈與腦科學中的關鍵問題做為我的研究主題：「意識」。

在這些決心之下，我進到美國常春藤盟校達特茅斯學院（Dartmouth College），採用實驗心理學和腦科學的方式繼續研究人類的大腦和心靈。經過五個寒暑之後拿到學位，先到美國麻省理工學院腦與認知科學系做博士後研究工作。2011 年，開始在新加坡的杜克大學醫學院任教，並成立了「腦與意識實驗室」。

《都是大腦搞的鬼》

在研究大腦與心靈多年之後，我發現這個充滿趣味且與眾人切身相關的領域，一直沒有機會被大家好好認識。在家人與朋友的鼓勵之下，決定出版這一本科普書，來介紹各種與生活和生命現象密切相關的腦科學研究。

這本書的內容，就是針對日常生活中的各種有趣與特殊的現象，特別是各種騙局和錯誤，提出腦科學的解釋、背後的研

究故事、以及我的分析和批判。第一到四章，分別是消費騙局、職場騙局、社交騙局與知識騙局。

在寫這本書的過程中，我一直在我的臉書「謝伯讓的腦科學世界」和部落格「The Cry of All」釋出書中的片段資訊。有在留意的讀者，應該記得我常常會在上面簡短地介紹一些有趣的研究。那些簡短的介紹，其實少部份就是來自這本《都是大腦搞的鬼》書中的節錄。由於臉書和部落格不適於長讀，當時發文必須割捨掉研究背後的歷史、典故、爭議以及理論。現在，你除了可以在這本書看到這些研究的完整故事與來龍去脈，更可以看到各種自然與社會現象之間的關聯性以及反思。

你準備好了嗎？現在，就讓我們一起進入腦科學的世界，成為一顆嘗試瞭解自己的大腦吧！

序章 ———
騙局的根源在於大腦漏洞百出

生活之中充滿各種訊息，包括光線、聲音、氣息、味道以及身體接觸等，這些資訊，都必須先經過大腦處理後，才能被我們所用。在面對各種訊息的轟炸之下，大腦拼命完成了任務，也因此，我們才得以感知世界、理解世界，並針對世界中的資訊做出適切的行為反應。

但是，羅馬並非一日而成，大腦也一樣。今日的人類大腦，是在演化的過程中慢慢一點一滴的修正錯誤後才修成正果的。雖然大腦已經功能強大，但它絕非不會犯錯。畢竟，演化的過程只會選擇出「足以幫助生物體贏得競爭或繁衍的大腦」，而不會選擇出「永不犯錯的完美大腦」。

事實上，在殘酷的演化過程中，大腦為了幫助我們在瞬息萬變的野性世界存活，<u>它時常會選擇犧牲「正確性」來換取「速度」</u>。

說實話，如果我們仔細檢驗，大腦根本就是漏洞百出。大腦時常會錯誤的處理周遭資訊，導致我們被各種資訊所欺騙。不過，由於這些錯誤多半不會影響到即刻的生死存亡（要不然，我們早已經在演化的過程中被淘汰），人們大多覺得這些小錯誤無關痛癢，很多時候，我們甚至察覺不到自己已經被騙。

不過，到了 21 世紀的數位時代，資訊量以前所未見的速度狂增猛漲，並且時常以網路和電子科技的數位方式出現在生活之中。數位化的資訊格式，讓人們可以更精巧的改變其中的各種參數，以做出各種多彩多姿的呈現方式。在簡單的把玩與實際操作之後，許多天生的心理學高手（商人、推銷員以及詐騙集團），很快就發現了人類大腦的缺陷，並開始巧妙的操弄各種生活中的資訊以製造騙局，而我們也經常落入這些陷阱之中。

在接下來的幾個章節之中，我就要從腦科學的角度來幫大家揭開這其中的內幕。透過揭示大腦如何被各種資訊所欺騙，我們將有機會看穿騙局，讓自己不再容易上當。

在進入各種生活騙局之前，我們先一起來看看人們（大腦）容易受騙的三個根本原因。第一個原因，就是我們其實是活在大腦創造的虛擬世界中；第二個原因，是各種捷思幫了倒忙；第三個原因，是大腦中的無意識資訊處理歷程出現漏洞。

騙局的根源一：
其實你活在大腦創造的虛擬世界中

如果我問大家一個問題：「當我們在看世界時，我們是真的『直接』看到了世界，或只是『間接』看到了世界呢？」

很多人可能都會認為，我們當然是直接看到了世界，哪來的間接呢？

但是，事實上，我們只是間接看到了世界。我們的各種感覺或知覺經驗，其實完全是大腦的產物。很多人以為，當我們看到、聽到、聞到、嚐到或摸到東西時，就是真實的在「接觸」外在世界的真實事物。然而，這並非事實。

我們真正「接觸」到的，只是大腦對這個世界的「表徵」。我們的感官在接收到外在世界的能量和資訊後，會產生電生理變化。這些電生理訊息接著傳入大腦，大腦對這些電生理訊號做出詮釋之後，重新創造出一個類似外在世界的「虛擬世界」。我們的感知經驗，就是這個虛擬世界。

不相信嗎？請大家一起來看看右頁圖 A。請凝視圖片中央十字交叉點的中心，盡量不要移動眼睛。在心中默數十秒之後，再把視線轉移到右頁圖 B 的中央十字交叉點。

看到了嗎？當大家把視線轉移到圖 B 時，是不是看到了顏色？是不是看到與圖 A 完全互補的顏色？原本在圖 A 中是紅色的位置，在圖 B 中變成了綠色；原本在圖 A 中是藍色的位置，在圖 B 中變成了黃色。但是，圖 B 的真實狀態其實根本毫無顏色啊！

這個現象，叫做後像（afterimage）。這個有趣的現象，清楚呈現出一個事實，就是即使外在世界中不存在任何可以誘發色彩知覺的刺激物時（例如圖 B），大腦仍然可以創造出顏色。

雖然說，腦中每一種色彩知覺都可以對應到世界之中的某個

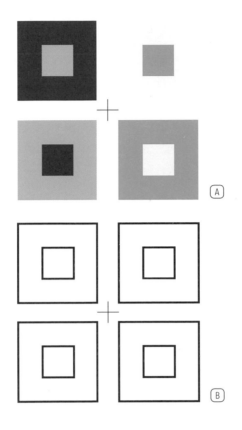

特定波長的光波，但是，即使世界之中的光波暫時消失時，大腦也可以憑空創造出色彩知覺。由此可知，顏色完全是大腦所創造出來的感覺，它只存在於大腦之中，而不在外在世界之中。

色彩知覺如此，其他各種知覺亦然！

我們所有的知覺經驗，完全都是大腦的產物。大腦透過感官，把外在世界的能量和訊號轉變成電生理訊號，接著這些電生理訊號再被轉化成知覺意識。而我們所經驗到的，就是這些由大腦產生的知覺意識。

這就好比家中的電視。電視台的攝影記者透過攝影機把光線和影像捕捉下來，這些訊息變成了電子訊號傳送到家中的電視，電視再把電子訊號透過畫素呈現在螢幕上。我們的知覺，就像是電視螢幕上的畫面。它們是對外在世界的一種「表徵」，雖然這個「表徵」和外在世界有很大的相似性，但是它並不「等同」於外在世界。我們的知覺意識，就只是這些二手的「表徵」。

因此，我們只是「間接」看到了世界。我們看到的，是大腦對外在世界的「表徵」或「詮釋」，而不是真實的外在世界。

換言之，我們的知覺意識，完全是大腦創造出來的虛擬「假象」。它們雖然是虛擬的「假象」，但卻是非常「逼真」。它們是大腦在演化中，不斷透過試誤法逐漸修正出來的模擬結果。如果這些模擬的知覺「假象」不夠正確、不夠逼真，我們就無法順利的透過它們來和外在世界互動，一旦錯誤太大，就會影響我們的生存或繁衍，導致在演化上被淘汰。

但是，假象終究還是假象。由於我們的知覺都只是大腦模擬世界的「假象」，因此，它一定會出現錯誤。這也就是為什麼大腦容易受騙的第一個原因。

騙局的根源二：各種捷思幫倒忙

在演化的過程中，大腦竭盡所能的讓這些模擬的知覺能夠逼近真實世界，好讓我們可以順利存活於世界之中。但是，為了應對瞬息萬變的野性世界，大腦時常得選擇犧牲少許的「正確性」來換取「速度」。

也就是說，大腦只創造出了一個能夠幫助我們「有效存活」的虛擬世界，但那並不是一個完全「真確」的世界。大腦做為這樣一種「不完全真確」的知覺創造者，注定要錯誤百出，也注定容易受騙。

那麼，大腦如何犧牲少許「正確性」來換取「速度」呢？答案就是：透過「捷思」。

捷思是一種大腦為了求快而建立出來的計算捷徑。透過某些事先建立好的預設，大腦可以節省許多資源，例如，大腦預設人臉一定是凸出來的，而不可能是凹進去的。這些事物的特質（例如人臉的凸出性）在「大部份」的狀態下都是恆定的，因此在演化的過程中，它們已經被寫入了大腦的預設值之中。

但是，我們要記住，這些事物的特質畢竟只有在「大部份」的狀態下恆定，在一些偶然的情況下，有時候也會出現和上述特質完全相反的事物。當這些狀態出現時，大腦就會出錯。而且，這種捷思的力量很強大，任你怎麼透過意志力來矯正，也是惘然。這種無法透過意志力進行矯正的現象，科學家們

稱之為「認知不可穿透性」（cognitive impenetrability），也就是「憑藉意志也無法改變其結果」的意思。

總而言之，在很多大腦出錯的例子中，都是捷思幫了倒忙所致。仔細想想，這還真是很無奈。大腦一直努力不懈的在找尋世界中的規則，並且會在找到規則後幫我們建立捷思。捷思建立的越多，我們就能夠騰出越多的腦力來面對其他更重要的不規則突發事物。但是，做任何事都有風險，有時候，剛好就是會出現捷思無法派上用場的反例，這時候，大腦就會出錯，我們也會因此受騙。

在第四章中，我們會更進一步介紹其他種類的捷思，以及其所造成的大腦謬誤。

到底是藍黑洋裝？還是白金洋裝？

2015 年 2 月 28 日的前夕，一件洋裝襲捲國內外各大網路。各國網友們，無一不被一件洋裝的顏色給逼瘋（如右頁圖 A，你看到的是藍黑相間，還是白金相間的圖樣呢？）。此「洋裝顏色爭議」事件，其實也是大腦捷思作祟所致。這次的始作俑者，是「色彩恆常性」這項捷思。

「色彩恆常性」這項捷思的由來，是因為根據經驗，環境中的光源時常會出現改變，例如白天會有強光、夕陽微紅、傍晚則昏暗等，但是相對來說，物體本身吸收光線和反射光線的特質則不會隨意變化。因此，當物體表面反射出來的光線改變時，大部份都是因為外在的光源變化所致。所以，當大腦在詮釋物體本身的顏

色時，就會設法自動過濾掉光源的影響。比方說，一隻身披白毛的狗通常不會無緣無故就變成身披紅毛的狗，如果白狗突然間看起來變成紅色，那一定是周遭的光線變紅所致。

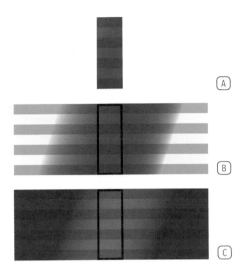

如果用攝影技巧來比喻的話，這種「色彩恆常性」，其實就是大腦中「自動白平衡」機制。有在玩相機的朋友都知道，相機有個「白平衡」的機制。這個機制，可以讓照片的顏色看起來自然一些。

比如說，如果室內裝了黃暖燈泡，原本純白色的蛋在順光照射下，就會因為黃暖色的照明而變成黃暖色，如果不使用相機的白平衡就直接拍下來，那麼蛋在照片中的物理光譜就會呈現出黃暖色。反之，如果照相時可以根據當時照明的「黃暖照明」來調整色調，相機就會自動減去「黃暖色」，那麼蛋在照片中的物理光譜就會回復成純白色。

那「色彩恆常性」跟白平衡有何關係？色彩恆常性，可以説是大腦進行「自動白平衡」機制後的結果。也就是説，只要給大腦足夠的環境資訊，例如背景光源、其他周遭物品的相對顏色，大腦就會自動做出白平衡，讓你可以感受到物體的原本顏色。

在洋裝事件中，有些人會看見白金色，有些人會看見藍黑色，兩者其實沒有誰對誰錯可言。這個現象，是因為這件衣服在照片上所呈現出來的反射亮度，有可能是來自於兩種狀態。第一種：這是一件處於藍黑色陰影中的白金衣服（如前頁圖B）。第二種：這是一件正常日照下的藍黑色衣服（如前頁圖C）。

大腦在判斷顏色時，選擇了上述兩種可能中的其中一種。當大腦中的「自動白平衡」機制選擇過濾掉日照時，就會看到藍黑衣。相反的，當大腦中的「自動白平衡」機制選擇過濾掉陰影時，就會看到白金衣。

透過人造面具，我們可以做出內凹的臉孔。當一張內凹的臉孔（如右圖）出現在我們眼前時，大腦中預設「人臉一定外凸」的捷思開始作祟，結果就是，我們不由自主地把內凹的人臉也看成外凸了。

因此，大腦其實是聰明反被聰明誤。當初大腦預設了這條捷思，可能是為了要節省資源，或幫助我們快速辨識出人臉。畢竟，根據經驗，世界上所有的人臉都是凸出的，如果腦中可以建立一條「臉都是外凸」的捷思，那麼以後在處理人臉資訊時就可以更快速。

這一類的捷思，都是運作快速且非常強大的基本假設。它可以幫助我們快速判讀世界中的資訊。只可惜，大腦怎麼都沒料到自己竟然犯了一個錯誤，就是在現代的世界中，竟然出現了許多人造的非自然事物。例如，大腦就沒料到自己會演化出製作模型的技巧，沒料到世界之中竟然會出現內凹的人臉模型。因此，當內凹的人臉模型出現在眼前時，大腦就被騙啦。

騙局的根源三：無意識資訊處理歷程出現漏洞

大腦容易受騙或出錯的第三個原因，就是因為無意識資訊處理歷程出現漏洞。

大腦中的電生理訊號在被轉化成知覺意識之前，必須先經歷一連串的無意識訊息處理歷程。我們之前把意識經驗比喻成

電視螢幕上的畫面，現在我們再來試試看另一個比喻，就是電腦的螢幕畫面。

我們在電腦螢幕上看到的東西，只是電腦主機處理的一小部份。電腦主機在背後正在處理的許多資訊，例如記憶體的使用量、硬碟的轉速、網路的流量等等，都不會呈現在電腦螢幕上。同樣的，大腦也是如此。我們所意識到的內容，只是腦中資訊的一小部份，大腦中有許多資訊，例如突觸釋出神經傳導物質、電子訊號在髓鞘上跳躍等過程，也完全不會出現在意識內容之中。

大腦不讓我們意識到這些龐雜的資訊處理歷程，其實是有原因的。因為，如果把所有的資訊處理歷程全部呈現到意識之中，我們將會被資訊給淹沒。因此，大腦選擇只讓我們意識到那些最重要的資訊。

但是，任何選擇都有代價。當我們無法意識到這些龐大的無意識資訊處理歷程時，它們也就成了大腦的漏洞之一。許多資訊，時常會在我們不知不覺的情況下，滲入無意識資訊處理的歷程中，並因此偷偷影響我們的行為。

在第一到第三章中，我們將會看到許多訊息無意識的影響人類行為的例子。

現在大家知道為什麼大腦容易受騙了吧！接下來，就讓我們一起來看看這個容易受騙的大腦，究竟在生活中面臨哪些騙局。

Chapter

1

消費騙局

Part.1 無所不在的行銷手法，你被騙了嗎？

Part.2 操弄人心的推銷員

生活中到處都可見到五花八門的行銷手法，再加上實戰心理學高手—推銷員—的推波助瀾，消費者常常不知不覺的落入圈套。現在，透過我自身的慘痛故事，讓我們一起來看看大腦如何在消費過程中受騙。

Part.1

無所不在的行銷手法，
你被騙了嗎？

心理學研究在現實生活中發現，許多行為都會被潛意識中的資訊所影響。各種商業訊息，不知不覺的影響著消費者。想要擺脫商業訊息的操弄嗎？想要擺脫盲目的亂買亂吃嗎？想要看穿推銷員的心理學行銷技巧嗎？讓我們跟著腦科學實驗，一起來揭穿其中內幕，幫助你對抗生活中各種資訊的潛藏影響！

我在美國達特茅斯學院讀書時，校方給的獎助學金總是算得剛剛好，每個月都一分不差的花到見底，實在是存不到什麼錢。由於經濟拮据，但有時又會想吃亞洲食物，於是常常去鎮上一家價格便宜、食物尚可的吃到飽中式自助餐。這家餐廳有個特色：音樂輕快、盤子不大，而且服務生不常來收餐盤。每次去這家店，我總是會莫名其妙的吃很快，好比在行軍打仗似的，囫圇吞棗後便匆匆離去。

一直到快要畢業時，我翻譯了一本美國飲食心理學家寫的書《瞎吃》（*Mindless Eating*）後才終於恍然大悟，原來這家自助餐店的老闆是大隱於世的心理學達人啊！音樂輕快、盤子很小、外加不收餐盤，全都是提高翻桌率的狠招！

如果各位還不明白商場中各種隱藏訊息的可怕之處，那就讓我一一道來，告訴你為什麼音樂、天氣、餐盤大小、定價方式、付費方法、廣告模式、發言人的形象、推銷員的話術、商場中的免費糖果、眼前的其他同質商品，還有銷售員端給你的熱咖啡和舒服椅子，甚至是公司名字和廣告文件上的字型，全都會偷偷影響我們的消費決定。

想提高翻桌率？餐廳老闆應該這樣做！

《瞎吃》的作者，是美國康乃
爾大學的汪辛克教授（Brian
Wansink）[1]。他曾經在一項研究
中發現，餐盤或包裝的大小，
會偷偷的影響消費者的食量。

汪辛克教授的研究團隊在電影院前發放免費的爆米花，有
些人拿到中桶爆米花，有些人拿到大桶的（無論中桶或大
桶都是容量多到一般人吃不完）。結果發現，當觀眾獲贈
大桶爆米花時，他們在不知不覺中吃下的量，竟比獲贈中
桶爆米花的觀眾多出 45%。

而且，事後的問卷調查顯示，拿到大桶爆米花的觀眾裡，
有 77% 的人認為，即使自己拿到的是中桶爆米花，吃的量
也不會增加或減少[2]。由此可知，許多受測者都不知道自己
的食量已經受到桶子大小的影響。

---

[1] 《瞎吃》，木馬文化出版。謝伯讓、高薏涵譯。（*Mindless Eating:
Why We Eat More Than We Think* (2006), Brian Wansink New York: Bantam-Dell.）

[2] *Wansink B, Kim J. (2005). Bad popcorn in big buckets: portion size can influence
intake as much as taste. J Nutr Educ Behav. 37(5):242-5.*

同樣的，除了包裝大小會影響食量之外，盤子大小也會影響食量。汪辛克教授甚至發現，小孩子的食量也一樣會受到盤子大小的影響[3]。總而言之，就是盤子越大吃越多，盤子越小吃越少！

原來，達特茅斯自助餐店的老闆就是用這招，故意用小盤子，讓我不知不覺少吃了很多！

至於音樂的影響，更是早有許多研究發現其中奧妙，研究指出，快節奏的音樂會加快進食的速度，而緩慢、輕柔的音樂則能夠讓餐廳中的客人留得更久並且願意花更多錢來消費[4]。很顯然的，對於吃到飽自助餐店來說，播放柔和緩慢音樂是沒有意義的，因為客人都已經支付了固定的費用，讓他們待越久，老闆只會損失更多的食物。

好，那不收盤子又是怎麼回事呢？一般來說，吃到飽餐廳

---

[3] Wansink B, et al.(2014). Larger Bowl Size Increases the Amount of Cereal Children Request, Consume, and Waste. Journal of Pediatrics, 164: 2, 323-326.

[4] Milliman, R. 1986. The influence of background music on the behavior of restaurant patrons. Journal of Consumer Research, 13, 286-289.

中的服務生，都會一直來收盤子，難道不收盤子，也會讓我吃得更少？沒錯，答案正是如此！

原來，<u>不收盤子，可以在視覺上營造出「我已經吃了很多」的氛圍，讓我不知不覺的自動停止進食</u>。汪辛克教授在超級盃美式足球賽時，觀察了兩組學生們在運動酒吧中吃免費雞翅的行為。其中一組，服務生會一直把桌面上吃剩的雞骨頭清掉，這一組學生看不到桌上有任何雞骨頭，因此無法透過視覺訊息來提醒自己已經吃了多少。另一組，服務生則完全不去清理桌面吃剩的雞骨頭，也因此，學生們可以看到自己已經吃了多少雞翅。結果發現。看不到雞骨頭的學生們，比看到滿桌雞骨的學生們多吃了 27%[5]！

天啊，沒想到自助餐店老闆竟然也偷偷把這招用在客人身上！故意不來收盤子，讓我一直看著桌上的盤子越堆越高，滿滿的視覺訊息告訴我已經吃很多了，不知不覺的暗示我自己別再吃下去。看來，能當老闆還真的要有兩把刷子！

只可惜，我知道的太晚了，沒辦法再去那一家自助餐店對

---

[5] *Wansink B, and Payne CR. (2007). Counting Bones: Environmental Cues that Decrease Food Intake. Perceptual and Motor Skills, 104, 273-7,*

這些招數一一進行破解。然而聰明的讀者們,下次到這樣的餐廳時,可得記住這些招數啊!盤子太小,就多拿幾盤;不收盤子,那就把吃完的盤子推得遠遠的;老闆放搖滾樂,你就自己帶上耳機聽古典樂,別讓老闆牽著你的節奏走喔!

至於想要節食的朋友,則可以在家裡順著這種方式來吃東西。大家可以試試透過小盤子來進食,或者將大包零食分裝成小包,另外,每吃完一小份食物時,包裝和殘渣別急著丟到垃圾桶,就讓它們在眼前擺一會兒,提醒自己已經吃了多少。希望這些小技巧會對大家有所幫助!

菜單價格讓你還沒進餐廳就先中招

小盤子、快音樂以及不收餐盤的招數,還只是我們在用餐時所中的小把戲而已。事實上,在踏進餐廳大門之前,老闆已經透過定價方式和付費方法先把客人給擺平了。

這家吃到飽餐廳的用餐價格,就大剌剌的標在餐廳外的看板上,上面寫著「all you can eat for only 9.95」。大家別小看這簡單一行字,裡面可是充滿了商業心理學玄機。

首先，這個價格是一個小於兩位數（不到 10 元）的一位數。第二，這個價格是一個非整數。第三，這個價格前後都沒有金錢的符號，就只是單純的「9.95」而已。第四，這是無菜單式的一次性付費價格（付一次錢就可以吃到飽）。

我們先來看看一位數和兩位數的差別。這位老闆大可以把價格定在 10 元，但是，他應該深諳心理學的道理，知道定價一旦從一位數進到兩位數，消費者在心理上就會覺得是不同的區間。如果它可以把價格從 10 元降到 9.95 元，那也就是降了 0.5%，如果這個 0.5% 的降價可以吸引到超過 0.5% 的人，那絕對是一門划算的生意。

另外，這個數字並不是 9 元或 10 元這樣的整數，這會讓人感覺店家是經過深思熟慮後才定出的價格，因此比較不會想要大幅砍價，而當消費者不想大幅砍價時，他們也就比較容易接受該定價。佛羅里達大學的行銷學教授傑尼祖斯基（Chris Janiszewski）和尤伊（Dan Uy）曾經做過一項實驗證實了這個理論[6]。他們發現，當消費者看到整數的定價時，例如 20 元，他們在殺價時也會想要殺到另外一個整數，

---

[6] *Precision of Anchor Influences the Amount of Adjustment. Chris Janiszewski and Dan Uy in Psychological Science, Vol. 19, No. 2, pages 121-127; February 2008.*

例如 19 元或 18 元。但是，當消費者看到非整數的定價時，
例如 19.95 元，他們雖然仍會想殺價，然而通常會想要往
下殺到另一個非整數，例如 19.75 元或 19.50 元。

金錢符號，該放嗎？

這個「看到整數就下殺另一個整數，看到非整數就下殺到
另一個非整數」的現象，是因為消費者受到了「促發效應」
（priming）的影響。促發效應，指的就是「先前的知覺刺
激會影響對下一個知覺刺激的反應」的現象。這個效應最
早是由美國的心理學家梅爾（David E. Meyer）和史凡德維特
（Roger W. Schvaneveldt）所發現。他們讓受試者觀視「醫生」
這個詞，結果發現，他們接下來對「護士」這個詞的反應
時間變快了。相較之下，如果是先觀視「麵包」這個詞，
他們接下來對「護士」這個詞的反應時間就不會變快。

事實上，這種「促發效應」，也正是那位老闆為什麼不肯

在廣告招牌「9.95」的前後加上金錢符號的原因。因為，根據心理學和消費者行為學的研究，金錢的符號，例如「＄」，很容易就會「促發」消費者心中的許多概念、情緒和意圖。

美國的行銷心理學家弗斯（Kathleen D. Vohs）在一系列的研究中發現，當受試者受到金錢的「促發」之後（例如看到金錢的圖樣），他們的行為會變得比較以自我為中心[7]。例如，他們會變得比較不願意開口求人幫忙，也比較不願意幫忙別人，同時他們也會變得比較想要獨處、獨自工作，並且不願意和陌生人太過靠近。另外一個由耶魯大學心理學家巴夫（John A. Bargh）及其研究團隊所作的研究也發現，受試者受到商業圖樣（例如公事包、會議室或西裝）的促發後，也會出現比較以自我為中心或自私的行為[8]。

對吃到飽餐廳的老闆來說，客人當然是成群結隊來最好。如果在廣告招牌「9.95」的前後加上金錢符號，就有可能

---

[7] KD Vohs, et al., (2006). The psychological consequences of money. Science 314 (5802), 1154-1156

[8] Aaron C. Kay, et al., "Material Priming: The Influence of Mundane Physical Objects on Situational Construal and Competitive Behavioral Choice," Organizational Behavior and Human Decision Processes 95, issue 1 (2004): 83–96.

促發潛在消費者的獨處心態，並因此不願意前往人多的餐廳，或不願意招朋引伴前來。老闆對此當然不樂見。另外，如果金錢符號不小心促發了消費者的自私心態，導致消費者出現「非把餐廳吃垮不可」的態度，那可真是得不償失。看來這位老闆深明此理，才會把金錢符號移除。

吃到飽，掏錢不心痛

最後，我們再來看看所謂的「掏錢心痛」（pain of buying）效應。這位老闆採用的吃到飽經營模式，其實就是把「掏錢心痛」效應降到最低的方式。

有些行為經濟學的理論認為，人們在購買東西時，可能會同時衡量即將獲得的物品好處以及即將失去的金錢痛苦（掏錢心痛）[9]。因為，當人們在掏出錢要買東西時，雖然知道金錢可以買到物品，但是，心中想到即將離去的錢時，仍會感到些許不捨和痛苦。最近的腦造影證據似乎也支持這樣的理論，因為當人們在考慮購買高價的物品時，與生

[9] Prelec D, Loewenstein GF. The red and the black: Mental accounting of savings and debt. Marketing Science. 1998;17:4-28.

[10] Brian Knutson et al., "Neural Predictors of Purchases," Neuron 53, no.1 (2007): 147-156.

理痛感有關的腦島（insula）也會出現反應，顯示出購買高價物品時的「掏錢心痛」感，可能和真實的痛十分類似[10]。那麼有沒有辦法可以降低這種「掏錢心痛感」呢？有的，方法就是讓消費者少掏幾次錢，或者不要真的掏出錢。不要讓消費者真的掏出錢的方法，就是鼓勵消費者使用信用卡。刷卡時，沒有真的親眼看見鈔票從自己手中流失，因此，痛苦也會少一點。而少掏幾次錢的方法，就是不要讓消費者親眼看著菜單上一道道菜的定價，要不然，每看一道菜或每點一道菜，消費者心中就會想著「又要掏錢了」。這種一次又一次的「掏錢心痛」感，可真是會逼退很多人的食慾！吃到飽的定價方式，就是「掏錢心痛」感次數降到最低的方法，比起一次又一次的「掏錢心痛」，只痛一次，似乎大家更能接受一些。

看到這邊，大家應該真的有點佩服這位老闆了吧。原來，早在踏入餐廳之前，很多人就已經被餐廳的廣告和定價方式吸引住了。以後大家再看到這一類的廣告時，或許可以留意一下，生活中各種廣告裡的定價和標示方式，是不是也使用了非整數、移除金錢符號，以及降低掏錢心痛感的技倆。如果是的話，記得不要衝動，三思而後行喔！

此外，如果你在廣告中發現了金錢符號，也不要洋洋得意

的以為那是個忘了移除金錢符號、不懂心理學的失敗廣告。事實上，那有可能是廣告商的反向操作喔！一般來說，希望大家捐錢、或是買禮物的廣告，都不會出現金錢圖樣，因為廣告商不希望促發觀眾的自私心態。畢竟，人一自私起來，就不會想要去捐錢或買禮物送人。但是，許多和賺錢機會或投資商機有關的廣告，通常都會出現大量金錢圖樣，因為，透過金錢圖樣促發人們想要「讓自己獲利」的心態，大家才會勇於掏錢出來投資啊！所以，下次大家不妨留意一下各類型廣告中有無出現金錢圖樣，它們可能各代表著不同的目的喔！

商場中的音樂催眠行銷術

上述這類透過環境因素來影響消費者行為的例子，在其他類型的商場中其實也屢見不鮮，但是很多消費者都不明究理，並因此落入了圈套。此外，這些手法也不全是以訛傳訛，有些甚至還有科學證據支持！

例如，英國的心理學家就曾經在《自然》上發表研究，證實賣場中播放的音樂會影響消費者的行為[11]。這項研究發

---

[11] Adrian C. North, David J. Hargreaves, and Jennifer McKendrick. (1997). In-store music affects product choice. Nature, 390, 132.

現，商家如果在賣酒場所播放德國音樂（或法國音樂），消費者就會不自覺的把聆聽音樂的反應轉移到商品上，並把德國葡萄酒（或法國葡萄酒）的銷售量推高到總銷售量的七成以上！而且，受測者幾乎全部否認自己的選擇有受到音樂的影響。

好名字、好天氣讓你投資股票衝衝衝

除了商場中的人為置入隱藏訊息之外，自然環境中的資訊也會偷偷的影響我們的行為決策。例如，天氣和公司名字這些看似無關緊要的因素，竟然也會影響股市和股價！

這些發現真是令人感到訝異！畢竟，如果你問股民們會不會因為一家公司的名字簡短易記、或當天天氣好就出手，他們一定會笑你有毛病，哪有人買股票是在看這個的。

但是研究發現，股票剛上市的小公司，如果名字極為難唸，投資人就會不自覺的拒買這些公司的股票，但若名字俗又有力、簡單又好記，投資人就會不自覺的願意購買。直到

―

[12] Alter, A. L. and Oppenheimer, D.M. (2006). Predicting short-term stock fluctuations by using processing fluency. Proceedings of the National Academy of Sciences, 103(24), 9369-72.

Chapter.1 消費騙局

上市一段時間後，公司實質表現慢慢為人所知，公司名字的第一印象影響力才會逐漸消失[12]。

除了名字以外，字型也會影響人們的決策。例如，當受試者閱讀簡單的字型時，願意作出承諾的機率會提高[13]。在這項實驗中，心理學家要求受試者閱讀一份健身活動的邀請書，結果發現，邀請書上使用的字型較簡單時，受試者願意參與的程度比較高。在另一項實驗中，心理學家則發現，當授課教材使用較複雜的字型時，學生的記憶表現會比較好[14]。這個現象的原因，可能是因為簡單的字型容易讀、讓人在閱讀時的負擔較小，就會產生一種「簡單輕鬆」的感覺，人們也會因此比較願意作出承諾。相對來説，困難的字型較難讀，會讓人產生一種價值感和高深感，這種「困難深刻」的感覺，可能會讓人不願意作出承諾，不過，卻可能有助於閱讀者進行思考和記憶。

---

[13] Hyunjin Song and Norbert Schwarz, "If It's Hard to Read, It's Hard to Do: Processing Fluency Affects Effort Prediction and Motivation," Psychological Science 19, no. 10 (2008): 986-988

[14] Diemand-Yauman C,et al., "Fortune Favors the Bold (and the Italicized): Effects of Disfluency on Educational Outcomes,Cognition 188, no. 1 (2011): 111-115.

另外，不同的文字描述，也會影響人們對食物的觀感與食慾。在汪辛克的《瞎吃》一書中，就可以看到很多這樣的例子。比方說，「魚卵」和「鮮紅魚子醬」，是不是後者聽起來比較美味？「巧克力蛋糕」和「比利時黑森林雙倍濃郁巧克力蛋糕」，後者是不是會讓你有比較高的購買欲望？

除了名字、字型和文字描述之外，每天的天氣也會不知不覺的影響人們的投資策略，例如，1982 年到 1997 年美國股市與天氣變動的關係就顯示，晴天時買股票，比雨天時買股票的平均投資獲利高出將近三倍[15]。看來，好天氣可能會讓很多投資人心情樂觀，因此不自覺的一窩蜂買股票！

沒想到，姓名、文字和天氣，竟然都會影響人們的行為決策。古代的姓名學和風水學是不是真有其事，沒人敢打包票。但是現代心理學發現名字、字型、天氣和人類行為決策的相關性，可是千真萬確！因此，各位老闆們，公司名字一定要好好取，別到了股票上市時，才後悔莫及啊！

———

[15] *Hirshleifer, D.A. and Shumway, T., Good Day Sunshine: Stock Returns and the Weather. (2003). Journal of Finance, 58, 1009-1032.*

Part.2

操弄人心的推銷員

推銷員，堪稱是心理學實戰高手中的高手。你知道推銷員可以靠著軟椅、熱咖啡和巧克力就輕鬆贏得消費者的心嗎？你知道推銷員擅於使用錨定和商品組合等各種心理學和經濟學效應來輕鬆完成交易嗎？以下就和大家分享一些我的血淚經驗。

2003 年秋天，我剛到美國，準備要開始博士班的求學生活。大家都知道，在美國某些地方，沒車就像是沒有腳一樣。而我唸書的新罕布夏州，恰恰好就是個無車注定得宅在家的地方。就這樣，入境隨俗，我踏上美國國土後的第一件事，就是準備買車。

我還記得那是一個寒冷的秋天，一位住在波士頓的老友「蓋瑞」，陪著我一路風塵僕僕從波士頓搭巴士前往達特茅斯學院的所在地：新罕布夏州的漢諾威。一到達漢諾威，匆匆把行李放在素昧平生、但熱心助人的台灣人學長「麥可」家中，就馬上出門尋車。

人生地不熟，蓋瑞和我四處瞎晃，無意間發現了一家豐田經銷商。路上寒風刺骨，我倆二話不說，立馬奪門而入。入內後，暖氣撲臉而來，瞬時間感到一陣溫熱，於此同時，一位西裝筆挺的銷售員「桑尼」立刻笑容可掬的迎上前來。在一陣熱情堅定握手介紹之後，桑尼大叔就把我們兩個請上了舒服的軟椅，並且奉上了香氣四溢的熱咖啡和巧克力，準備開始談談購車事宜。

桑尼大叔是一個不折不扣的心理學實戰高手，面對他，我

　　　　　　　　　　　　　Chapter.1 消費騙局

俩就宛如待宰的羔羊，不，是渾然不知自己即將被宰的羔羊，只有任其擺佈的份兒。

由於臨行前母親有交代：新罕布夏州常年冰天雪地，而且我也沒什麼開車經驗，所以應該要買四輪傳動的新車比較安全省事。有鑑於此，我倆也就直接向桑尼大叔表明要買四輪傳動新車的來意。桑尼大叔聽完點頭説好，並隨即拿出頂級 Rav4 的配備和價目表。當年的頂級全新 Rav4，要價大約近 30000 美金。我倆看了看那高聳入雲霄的價格，只能摸摸鼻子，請桑尼大叔再推薦便宜一點的車子。

桑尼大叔接著拿出了 Corolla 的配備和價目表，價格將近20000 美金，果然親民許多。就在我倆交頭接耳，準備説好的時候，桑尼大叔又拿出了另一張車子的文件：一部車齡一年、價格只有約 15000 美金的 Camry。

接下來，桑尼大叔就用他的三寸不爛之舌告訴我們，一年車齡的車，其實等於是全新，而且 Camry 的等級比 Corolla高一級，價格又低了 5000 美元，不買這台 Camry 真的是愧對此生。至於四輪傳動，根本沒必要，他説自己在這裡住了三十年，根本沒開過四輪傳動車，也是活得好好的。

就在我倆點頭如搗蒜的同時，桑尼大叔又補上了致命的一刀。他抽出了另一張車單，也是一部車齡一年的 Camry，但是這一台車的價格卻是 20000 美金。桑尼大叔說，車齡一年的 Camry 的合理價位，其實應該是 20000 美金。那台 15000 美金的 Camry，其實是當初的賣家不識貨，這種便宜肥水你們不趕快撿，馬上就會落入外人田了。

話沒說完，桑尼大叔就把我們推扶到展示區，說要讓我們開開看這台 Camry。我們心想，不開白不開，興高采烈的就跳上車，輪流各開了一段。十分鐘後，我就付了 500 美金的訂金，然後拿著這部二手 Camry 的訂單離開了。

回到住處，麥可學長幫我們辦了接風派對，並問起尋車狀況。我們拿出訂單，說已經付了訂金。麥可一陣錯愕，問說不是要買四輪傳動的新車嗎，怎麼變成了二手的二輪傳動 Camry？我們就把當天情況描述了一遍，派對上另一位見多識廣的「帆哥」學長聽完後，氣定神閒地說道：「你們倆太嫩了，明天趕快回去試著退錢換車吧。」

的確，桑尼大叔完全是一位心理學操弄大師，所有教科書上的心理學行銷術，在這短短幾十分鐘的會面中鋪天蓋地

的全部砸在我們身上。我們這兩個書本沒讀夠、社會也沒出過的毛頭小子，又怎能抵擋得住。

現在，我們就一起來看看，當年的我到底中了哪些招。

暖氣、熱咖啡、軟椅、巧克力，提高店家好感度

汽車經銷商深知，冷秋時，一入門的暖氣和熱咖啡最能讓客人感到溫暖。耶魯大學心理學家巴夫就曾經和學生威廉斯（Lawrence E. Williams）一起在《科學》上發表過一項研究報告。他請受試者填寫問卷來評量某位陌生人的人格和個性，填寫問卷的同時，有些受試者會拿到熱咖啡，有些則拿到冰咖啡。結果發現，問卷上「對方是否溫馨」的這個選項，拿到熱咖啡的受試者明顯給出較高的評分[16]。

---

[16] Williams, L.E., & Bargh, J.A. (2008). Experiencing physical warmth promotes interpersonal warmth. Science, 322, 606-607.

原來，我們一踏入經銷商大門，就已經先中了兩招暗著。暖氣和熱咖啡所造成的生理溫暖，被轉化成人際間的心理溫馨，讓我們不知不覺的提升了對這家經銷商和桑尼大叔的好感。

更陰險的招數還在後頭。當我們還沉浸在對方的溫暖善意之中時，軟椅和和巧克力的招式也已然攻至。舒服的軟椅，是怎麼回事呢？原來，舒服的軟椅，竟然可以軟化談判者的態度！

這項發現也是來自於耶魯大學的心理學家巴夫[17]。他請受試者對汽車銷售員手上的車子進行提價。這些受試者，有些坐在舒服的軟椅上，有些則坐在冰冷的硬椅上。當受試者第一次提出價格後，銷售員會先拒絕他們，然後請他們再提出第二個價格。結果發現，坐在軟椅中的受試者所提出的第二個價格，比硬椅中受試者所提出的價格高出近 40%！

───

[17] JM Ackerman, CC Nocera, JA Bargh, (2010). Incidental haptic sensations influence social judgments and decisions. Science 328 (5986), 1712-1715

同一個實驗中還發現，面試官如果拿到了比較重的求職候選人檔案夾，就會對該求職人選的印象較佳。此外，如果受試者在評比陌生人的個性之前先觸摸過堅硬的物體，那麼和先觸摸過柔軟毯子的受試者相比，前者給出「頑固」的評分明顯較高。

由此可知，<u>人類社交判斷和決策，很容易就會受到觸覺的影響</u>。而且，我們通常根本不自覺。

但是巧克力又隱藏了什麼玄機呢？原來，吃下巧克力之後，就比較有可能進入一種「自我放縱」的狀態。

佛羅里達大學的行銷學教授傑尼祖斯基在一項涉及將近300人的研究中[18]，分發給受試者一小塊巧克力。有些受試者被要求放縱自己吃下巧克力，有些則被要求要克制自己不要吃它。結果發現，被要求放縱自己吃下巧克力的受試者，比較有可能進入一種「繼續放縱自己」的狀態。他們在接下來的實驗過程中，比較容易允許自己繼續吃東西，直到自己覺得已經吃夠了才停止。在放縱自己吃下巧克力

[18] J Laran, C Janiszewski (2009). Behavioral consistency and inconsistency in the resolution of goal conflict. Journal of Consumer Research 35 (6), 967-984

後，他們對高熱量食物的偏好也會比健康食物的偏好來得高。

這種「繼續放縱自己」的心態，甚至會擴及食物以外的商品。因為該研究發現，在放縱自己吃下巧克力後，受試者會願意支付較高的金額來購買昂貴的商品，例如珠寶或高價電子產品等。

很顯然，桑尼大叔的巧克力，就是用來引誘我去「放縱自己」。吃下巧克力後，「繼續放縱自己」的心態油然而生，願意花大錢買車，也只是預料中的可能結果而已。

以大搏小的圈套

大家以為我已經中了夠多暗著了嗎？事實上，這些都還只是小菜而已。真正的行為心理學大招，才正要登場。還記得桑尼大叔一開始端出的那台價格聳入雲霄的 Rav4 嗎？這一著，正是行為經濟學理論中的大絕之一：錨定效應（anchoring effect）。

錨定效應，指的是人們在進行決策時，常常會依賴最先獲得的第一筆資訊。這一筆資訊，會變成一個用來當作比較

基準點的「錨點」，後來收到的資訊，都會被拿來和第一個基準錨點作比較。

這個錨定效應，最先是由認知心理學家特沃斯基（Amos Nathan Tversky）和諾貝爾經濟學得主卡內曼（Daniel Kahneman）所發現[19]。他們要求受試者在 5 秒內完成一道乘法計算題，有些受試者面對的題目是「8x7x6x5x4x3x2x1」，有些面對的題目則是「1x2x3x4x5x6x7x8」。結果發現，面對「8x7x6x5x4x3x2x1」的受試者的平均答案是 2250，面對「1x2x3x4x5x6x7x8」的受試者的平均答案則是 512（正確答案是 40320）。由此可以推測，受試者應該是因為受到第一個數字大小的影響，當第一個數字比較大時（例如 8），受試者就比較容易給出比較大的答案。

另一個大家常常提起的錨定效應例子，就是「社會安全號碼實驗」。2006 年，麻省理工學院的經濟學教授普瑞萊克（Drazen Prelec）和艾瑞里要求學生針對一些拍賣商品（例如紅酒）出價。在出價之前，他們先要求學生在一張紙上

---

[19] Tversky, A. & Kahneman, D. (1974). "Judgment under uncertainty: Heuristics and biases". Science, 185, 1124-1130.

寫下自己社會安全號碼的最後兩位數（例如 49），並且設想一下他們是否願意以這個數字（$49）來出價。接下來，學生們就開始真正的出價。結果發現，社會安全號碼最後兩位數較高的學生，出的價格也比較高。這就是錨定效應。

在商場中，各種錨定手段屢見不鮮，例如，大家一定常常在賣場中看到商品上的原始標價被人用筆劃掉，然後寫上另一個打折後的誘人價格。這也是錨定的一種手法。

在 80 年代名聲響徹行銷界的 10 歲小女孩安卓斯（Markita Andrews），也是使用錨定效應的高手。她總是開口就先問對方：「您可以捐 30000 美金嗎？」大家幾乎總是說不。她接著就說：「那您至少可以買一盒女童軍餅乾吧？」。和 30000 美金相比，一盒 1.75 美金的女童軍餅乾簡直就是無物。就這樣，透過錨定效應，她在 3 週內售出超過 3000 盒餅乾，創下女童軍餅乾有史以來的最佳銷售記錄。

在我的血淚案例中，桑尼大叔也搬出了高達 30000 美金的 Rav4，讓我這個從沒買過車的人以為，車子大概都是這個價位。和這台 30000 美金的基準錨點相比，接下來的幾台

車聽起來也就感覺便宜多了。

搬出商品組合手法，荷包只能投降

在使出錨定效應之後，桑尼大叔的另一個殺手鐧，就是商品組合效應（product assortment effect）。商品組合效應，就是人們對某一樣商品的偏好程度，常常會因為另外一組或多組商品的出現而改變[20]。

行為經濟學家艾瑞里（Dan Ariely）在《誰說人是理性的》一書中，就曾經提到一個關於商品組合效應的經典案例。有一天，艾瑞里在《經濟學人》的網站上看到了一則廣告，上面提供了三種訂閱價格：電子版（$59 美金）、紙版（$125 美金）、電子版加紙版（$125 美金）。看到這三種價格，大家應該都會跟我有一樣的想法，就是「如果電子版加紙版要 $125 美金，而單單紙版也要 $125 美金，那買了電子版加紙版，就等於是免費獲得電子版！」這麼好的交易，怎能放過呢？

---

[20] *Itamar Simonson, "The Effect of Product Assortment on Buyer Preferences," Journal of Retailing 75, no. 3 (1999): 347–370*

殊不知，這其實就是商品組合效應。單單紙版的 $125 美金
價格，讓電子版加紙版的 $125 美金價格變得誘人許多。
大家想一想，如果網路上只擺出一種選擇：電子版加紙版
（$125 美金），你的興趣還會那麼高嗎？或者，如果網路
上只擺出兩種選擇：電子版（$59 美金）、電子版加紙版
（$125 美金），你購買電子版加紙版的興趣甚至還可能會
下降。

很顯然的，《經濟學人》的行銷專家們最想要售出的商品
就是電子版加紙版（$125 美金），加入了紙版（$125 美金）
的選項，就是要讓大家有一個「對比商品」而感覺到前者
的好。更何況，加入這個紙版（$125 美金）的選項，其實
一點壞處也沒有，如果真的有人選了紙版（$125 美金），
那也是大賺一筆啊。

另一個知名的商品組合效應案例，就是 1990 年代高端家
居用品零售鉅頭威廉索拿馬公司（Williams-Sonoma）所推出
的家用麵包製造機事件。由於當時市面上並沒有其他類似
商品，因此威廉索拿馬大致推算了成本和利潤後，就把價
格定在 275 美金。產品上市後，乏人問津。經過一些市調
後，他們決定推出另一款更大尺寸的麵包製造機，定價高

達 400 美金以上。這台新機型一推出，公司大獲其利，但有趣的是，大家搶購的並不是這個新機型，而是舊機型。這是怎麼一回事呢？原來，新機型推出後，變成了舊機型的一個「對比商品」，大家看到這台功能差不多、只是大了一點的麵包機竟然要價 400 美金，瞬時就覺得 275 美金的同功能較小機型好多了。

餐廳的菜單上，也常常有機會見到這種商品組合攻勢。例如，有些餐廳的菜單上可能會擺上一些「對比菜」，這些菜的價格高得離譜，其唯一的功用，就只是讓餐廳真正想要賣的其他菜色看起來相對便宜一些。因此，大家知道這個技倆之後，以後就可以留意週遭是否也有類似的行銷手法。當你看到標價過高的商品，可能就只是一個「對比商品」而已。在盤算該不該買你原本想買的商品時，記得自動忽略掉這些「對比商品」，才不會被「相對便宜」的錯覺給欺騙了喔！

另外一個有趣的現象是，房屋推銷員，在比較有空閒的時候，似乎也會利用商品組合效應來仲介租屋或售屋。他們的做法，就是先帶客人看看幾間爛房子當作「對比商品」，

最後再拿出價格差不多而且屋況較好的房子，客人在看過好幾間價格差不多的爛房子後，最後的這間好房子就會宛如鶴立雞群般的亮眼，成交機率也就因此大增。各位想要租屋或購屋的讀者，不可不慎。

瞭解了商品組合效應後，我們現在再一起回頭看看我的血淚案例，桑尼大叔在讓我看過他最想售出的二手 15000 美元 Camry 後，也端出了他的「對比商品」：另一台年份和配備完全相同、但卻要價 20000 美元的 Camry。看了這個「對比商品」後，商品組合效應徹底發酵，我當時真是徹底被洗腦，只能束手就擒了。

肢體接觸拉高成交率？

在桑尼大叔的辦公室中，短短一、二十分鐘內，我歷經了暖氣、軟椅、熱咖啡、巧克力、錨定效應以及商品組合效應的連番轟炸，此時，桑尼大叔大概很確定我已是他的囊中之物。但是，他仍然沒有讓我有喘息的機會，煮熟的鴨子，就一定得吞下肚才算數。

於是，桑尼大叔拉起我的手、扶著我的肩膀，帶我走向展

示區看車。而且，還不是只有看車而已，他是要讓我開車。這其中難道也有什麼騙局嗎？原來，桑尼大叔已經打完一整套的辦公室行銷話術，現在，準備使出田野中的社交心理學實戰術了！

適當的拉手扶肩，是利用觸覺博取好感的典型技巧。神經經濟學家札克（Paul J. Zak）曾經做過一項實驗，發現受試者在歷經舒服的按摩之後，會更願意與陌生人進行金錢上的信任互動[21]，而且他們的大腦也會釋放較多的催產素（oxytosin）。催產素，是由大腦下視丘所分泌的一種賀爾蒙和神經傳導素。它的綽號很多，包括了「抱抱賀爾蒙」、「性愛賀爾蒙」、「催產哺乳賀爾蒙」等，顧名思義，就是在做這些事的時候都會分泌此激素。此外，催產素也是一種「社交賀爾蒙」，許多研究都發現，催產素濃度較高時會有較高的同情心、高合作度、高信任度、低社交焦慮以及低恐懼反應。

原來，桑尼大叔的拉手扶肩，也深含著拉進社交距離的隱

---

[21] Morhenn VB. et al., (2008). Monetary sacrifice among strangers is mediated by endogenous oxytocin release after physical contact. Evolution and Human Behavior 29 (6), 375-383

藏意涵。關於這種觸覺社交手法,我們在第三章的社交騙局中還會再做介紹。現在,我們先來看看桑尼大叔的最後一招:放手讓客人接觸商品。

試用,讓你更想擁有

為什麼桑尼大叔要讓我試開呢?主要的原因,當然是要讓我確定車子沒問題。但是,另一個潛藏的原因,可能是要讓我對那輛車產生「擁有感」。消費者行為實驗發現,受試者在實際觸摸過商品之後,對該商品的「擁有感」就會上升,換言之,受試者認為商品應該屬於自己的感覺會增強[22]。

甚至,只要單純的要求消費者「想像」自己把商品帶回家使用,也能增強他們對商品的擁有感。很顯然的,桑尼大叔就是想讓我透過實際觸摸車子、開動車子,來增強我對它的擁有感。這一招果然是最後的殺著,試完車後,我就

—

[22] Peck et al. The Effect of Mere Touch on Perceived Ownership. Journal of Consumer Research, 2009; 090324152441041 DOI: 10.1086/598614

心滿意足的繳出訂金了。

後記

看完了我的血淚經驗，大家有沒有發現，推銷員真的是現實世界中的心理學實戰高手呢？下次大家遇到推銷員時，不妨留意一下是否也有類似的技倆。無論是買車、購物，還是用餐等各種商業行為，知己知彼，才能夠幫助我們在更平等的條件下進行談判。希望我的經驗和訊息，能夠對大家有所幫助。

至於最後我有沒有買下那台二手 Camry ？有沒有成功退回訂金呢？

在麥可和帆哥學長的徹夜分析後，隔天一大早，我和蓋瑞又在寒風中走回了豐田經銷商。踏入門口，又是一樣的暖氣、軟椅、熱咖啡和巧克力。雖然知道這只是同樣的技倆，還是讓人心頭一暖，差一點就不好意思說是要來退錢的，不過，這次我們鐵下了心，一定要意志堅定的完成任務。

所幸，多數美國人普遍還是本著良心做事，雖然桑尼大叔

使用了無數的心理學和行銷技巧，但他也只是想要售出能讓他獲利最多的商品罷了（售出二手車的利潤遠高於新車），而且，他其實是衷心的認為那台二手 Camry 是個很值得購買的商品，並沒有欺騙我們之意。當我們説明還是希望購買四輪傳動新車後，桑尼大叔二話不説的就退還我們訂金。

桑尼大叔在寫支票時，我抬頭望了望他牆上的獎盃，這才發現，他已經蟬聯了十多年的豐田最佳銷售員。雖然折騰了一整天的時間，但是，能夠在現實世界中親身體驗頂尖銷售員的全套心理行銷術，我想也值回票價了。

Chapter

2

職場騙局

生活中的許多訊息透過無法察覺的知覺歷程，悄悄影響人們的一舉一動。我們的周遭不僅瀰漫著各種商業和消費騙局，連我們每天都必須面對的職場中也充滿各種欺騙。保險銷售、政治關係、選舉活動、權力鬥爭、交際應酬，各種大大小小的行為決策無一倖免。這些無意識的訊息到底是如何影響我們？你想要避免被操控、想要徹底掌握自己的決策嗎？就讓腦科學和心理學知識來幫助你對抗生活中各種無意識資訊的操弄吧！

Part.1

保險業務員的心理學機密

保險業務員販售的是不具實體的產品，而且必須主動向外
開拓市場，還要激起潛在客戶的需求，困難度之高，堪稱
產品推銷界之王。現在我們就一起來看看這些在社會中打
滾的實戰心理學家－保險業務員的心理學機密。

2013 年，我生命中的第二位頂尖推銷員又出現了。這一次，是一位保險業務員。保險業務員和汽車銷售員不同的地方在於，保險業務員賣的商品，不是汽車那樣的實體，而是虛擬的事物。此外，保險業務員還必須出外勤，必須隻身進入陌生客戶的家中或辦公室，所以沒有辦法向汽車銷售員那樣先在經銷商的門市部中設計好「陷阱」（例如軟椅、熱咖啡或巧克力）。還有，汽車銷售員面對的是早已決定好要買車，但只是不知該買哪一台車的消費者，然而保險業務員面對的，卻常常是根本沒有計劃要買保險的客戶。因此，保險業務員的任務難度，其實遠高於汽車銷售員。

這一年，也就是美國購車事件後的整整第十年。此時的我，早已拿到認知神經科學學位、做過博士後研究，並且開始教書。當我這位「象牙塔裡的嘴砲心理學家」，對上「社會中的實戰心理學高手」時，究竟是誰勝誰敗呢？

一天下午，陌生人來電。一位叫做「雪莉」的女士，說想與我見面談談小孩的健康保險規劃。她說，我有一位學長知道我可能會有此需求，因此強烈推薦她與我聯繫。這位學長，平時待我不薄，我到新加坡之後，一直受到他的照顧。因此，我一聽是學長介紹，頓時卸下心房，欣然接受

了邀約。

隔天，雪莉姐帶著送給小孩的可愛衣物，笑容可掬的來到我的辦公室。一見面，就先送上一輪瘋狂的謬讚，年輕有為、修長帥氣、談吐不凡，各種只有在通告天王玉琳哥口中才聽得到的荒謬溢美之詞，大概全都被她給說了一遍。隨後，雪莉姐馬上把椅子拉到我的右方坐下，開始進入正題。

她說，小孩的簡單意外醫療險，是一定要保的，一個月只要不到 10 元新幣（大約 200 台幣），這種小錢沒必要省。我點點頭，表示樂意購買。此時，雪莉姐見到灘頭堡已拿下，立刻話鋒一轉，劈頭問到：「錢難賺、囝細漢，如果你明天就被車撞死，該怎麼辦？」接著她又說，每一萬名男性，就有 4600 個人會罹患癌症，如果你罹癌，老婆小孩該怎麼辦？財務將如何規劃？

這兩個問題，問得我當場啞口無言。接下來，戰局急轉直下，大家應該也猜得到結局了吧！不出半小時，雪莉姐帶著一抹微笑，從容的帶著好幾張百萬保險訂單回家慶功去了。

在這短短 30 分鐘之內，各種綿密快絕的心理學技巧讓我毫無喘息的機會。以下我們就一起用慢動作來仔細拆解其中幾項高招。

笑臉操弄你的潛意識

首先，就是雪莉姐臉上帶著讓所有人都難以拒絕的笑容。大家都知道笑容的威力強大，但是你知道笑容竟然強大到可以在潛意識下影響我們的行為嗎？在一項心理學研究中，研究人員找來了口渴的受試者，先請他們喝一種飲料，並且詢問他們願意花多少錢買這些飲料。在受試者喝飲料之前，研究人員先在螢幕上播放了速度快到受試者根本看不見的笑臉。結果發現，這些「看不見的笑臉」仍然會增加受試者接下來的飲用量，而且受試者也願意付較多的錢購買這些飲料[23]。此外，腦造影實驗也發現，即使受試者看不見這些帶有情緒的臉，他們腦中的杏仁核也會對這些情緒作出反應[24]。這麼看來，「笑逐顏開值千金」這句話

---

[23] Piotr Winkielman and Kent C. Berridge, "Unconscious Emotion," Current Directions in Psychological Science 13, no. 3 (2004): 120-123.

[24] Williams MA et al., (2004). Amygdala responses to fearful and happy facial expressions under conditions of binocular suppression. J Neurosci. 2004 Mar 24;24(12):2898-904..

似乎還真有幾分依據。

讚美偷走你的心

接下來，就是雪莉姐連珠砲式的謬讚。大家可能會以為，低誠意的恭維話語應該沒什麼功效，畢竟，我們都知道對方只是做做表面功夫、隨便褒揚幾句罷了，這種稱讚怎麼會有用呢？但是研究顯示，表面的恭維確實有效。

在一項消費者行為研究中，研究人員要求受試者想像自己接到百貨公司隨機寄出的廣告信函，上面寫著類似以下的讚詞：「您的穿衣品味卓越，若您能光臨，我們將倍感榮幸」。雖然受試者都明確知道這些語言只是胡謅，但是，經過這樣的謬讚後，他們對該百貨公司的喜好感，仍然比沒有受到謬讚的受試者要高出許多[25]。

這個「謬讚效應」，其實出乎很多人的意料。我們一般都會認為，當別人說的只是表面讚語，我們心中也清楚知道

[25] *Elaine Chan, Jaideep Sengupta (2010) Insincere Flattery Actually Works: A Dual Attitudes Perspective. Journal of Marketing Research: February 2010, Vol. 47, No. 1, pp. 122-133.*

對方只是在説場面話時，自己應該不會受到任何影響，但是事實證明並非如此。因此，下次再聽到別人口中的浮誇不實的讚美之詞，或是收到可能毫無誠心的臉書百讚，記得想一想這個研究，別再不知不覺的就讓別人騙走你的心喔！

右耳根子比較軟？

笑容與讚美，都還只是基本功夫。但是，雪莉姐選擇在我的右方坐下，可就真的是意義深遠。右方，究竟代表了什麼意涵呢？原來，大多數人的右耳根子似乎比較軟。

早在 1961 年，加拿大的心理學家奇姆拉（Doreen Kimura）就已經在實驗室中發現，人們在傾聽言語時，偏好使用右耳[26]，而且，如果只能使用單邊耳朵進行活動時，大多數人也都喜歡用右耳[27]。那麼現實生活中，是否也觀察得到

---

[26] Kimura D (1961) Cerebral dominance and the perception of verbal stimuli. Can J Psychol 15:166–171..

[27] Porac C, Coren S (1981) Lateral preferences and human behavior. Springer, New York

類似的狀況呢？當然也有！浪漫且喜歡用語言調情的義大利人，就發現了夜店中的「右耳效應」。義大利的心理學家在夜店中進行田野調查後發現，286 名客人在相互交談時，有 72% 的機會是對著右耳傾説。

在另一項實驗裡，他們請實驗人員在吵雜夜店中對著客人輕聲細語，然後觀察對方會使用哪一隻耳朵湊上來想再聽清楚，結果發現，在 160 名客人中，有 58% 會湊上右耳。此外，當實驗人員對著 176 名客人的右耳或左耳提出要香煙的請求時，對右耳提出要求的成功率也明顯比較高[28]。

唉，早知如此，我就應該搶著坐在雪莉姐的右邊，或許這樣，我還有機會説服她給我一些保險折扣呢！

小商品引誘大買賣

雪莉姐的下一招，我稱作是「灘頭堡效應」。灘頭堡效應就是，只要先打下灘頭堡（讓客戶願意購買小商品），就

———

[28] Marzoli et al. *Side biases in humans (Homo sapiens): three ecological studies on hemispheric asymmetries. Naturwissenschaften, 2009; DOI: 10.1007/s00114-009-0571-4*

Chapter.2 職場騙局

有更大的機會可以步步進逼進行大買賣。

在行銷心理學專家喬汀尼（Robert B. Cialdini）的《就是要說服你》一書中，就提到不少這類的案例。例如，當隨機要求路邊的住戶在自家草皮插上「小心開車」的大標誌時，只有 17% 的人會接受。但是如果先請住戶在窗戶上貼上小小的「小心開車」貼紙，兩週後再要求他們在自家草皮插上大標誌，其成功率就會高達 76%。

同樣的，一般人會同意陌生人進入家中進行商品調查的機率只有 22%，但是，如果先用電話做過訪問，三天後成功進入對方家中進行商品調查的機率就會高達 56%。

還記得雪莉姐一開始就賣給我的兒童意外醫療險嗎？她想必是算準了我一定會購買這項每個月不到 10 新幣的小保險，殊不知，丟了灘頭堡，就註定輸到老。以後大家如果確定自己沒有要買任何東西，最好就別跟推銷員閒聊或購買小東西，要不然，這些步步逼心的行銷心理學技巧，真的是會吃人不吐骨啊！

數字心理遊戲

雪莉大姐的最後一項擒拿巧門，就是玩弄數字心理遊戲。
在理財作家史威格（Jason Zweig）的神經經濟學暢銷書《大腦鍊金術》中，就舉出許多類似的數字心理效應。比方說，「44% 的無癌健康率」，和「每一萬人就有 5600 人會罹患癌症」，後者是不是聽起來比較嚴重呢？「92% 的手術成功率」，和「每一萬人就有 800 人會因手術死亡」，後者是不是比較可怕？這種數字心理效應的關鍵在於，當你使用百分比時，大家比較容易專注在冰冷的數學比例上，但是當你提及真實人數，冷冰冰的數字就立刻變成了活生生的人。栩栩如生的 4600 人罹患癌症以及 800 例手術死亡，很容易就會打動人心。

因此，大家千萬要小心，推銷員想要隱藏風險時，通常都會使用冰冷的數字百分比。但是他們想要突顯正面好處時，卻又會使用具體的真實人數。應付數字遊戲的小訣竅，就是同時在腦中轉換兩種數字表現方式：對方如果說百分比，你就換算成人數，對方如果說人數，你就換成百分比。逆向操作，就不會輕而易舉的被牽著鼻子走囉！

後記：保單的下落

很顯然的，這場「象牙塔裡的嘴砲心理學家」與「社會中的實戰心理高手」之戰，後者完勝。奇怪，人家不是說十年河東，十年河西嗎？怎麼我十年前慘敗給桑尼大叔，十年後仍然被雪莉大姐給完封呢？看來，就算再給我好幾個十年磨練，也不一定到得了彼岸啊！

當天晚上，我拿著預定保單回家，女王見狀，果不其然的就是一陣數落。大夢初醒之後，我們也約了雪莉姐重新議約。還好，最後談判成功，原本上百萬的保單，變成只買了三個人每個月 10 元新幣的意外醫療險。各位讀者，要做重大決定前，最好還是別衝動，多想想、找朋友談一談，緩個幾天再定案喔！

Part.2

你到底把票投給了誰？

大選在即，大家會投給哪位候選人呢？到底是黨證重要、
關係重要、家世重要、政見重要、能力重要、還是……長
相重要？你以為選民都是理性的依據候選人政見、社會經
濟利益、和自己的的價值觀在投票嗎？以下的科學發現，
會讓你明白影響選民投票的一項祕密因素！

「凍蒜！凍蒜！…蒜宗痛！蒜宗痛！」每到選舉時刻，台灣總是熱鬧非凡。除了蒜聲震耳、口水滿天之外，大家其實也是會期待候選人端出牛肉。但是，期待歸期待，等到真的有人端出政見時，大家似乎又視而不見。例如前立法委員沈富雄在競選台北市長初期時就端出了五十項政見，柯文哲和連勝文也在網路上推出不少新政影片，但是，究竟有多少人看了這些政見呢？

影響選舉的因素到底有哪些？是否可能有一些隱藏的神祕要素，會影響候選人當選的機率呢？在一系列的研究中，科學家發現了一個有趣的因素：很多人其實是看臉蛋在投票！更糟的是，這些人甚至不知道自己其實是看臉蛋在投票。

看臉蛋投票

美國加州大學爾灣分校的羅森柏格（Shawn Rosenberg）在1980 年代做的一連串研究發現，即使受測的每位選民都口口聲聲的說，自己只看政見而不看外貌，但候選人傳單上的照片形象，卻仍會顯著影響選民的偏好[29]。

---

[29] *Rosenberg.S.W.et al. (1986). The image and the vote: The effect of candidate presentation on voter preference. American Journal of Political Science, 30, 108-127.*

他們的研究方法很簡單，就是找來甲乙兩位對抗的候選人，在傳單上同時列上兩人的身分、政見和各種資訊，當然最重要的，就是附上照片。唯一操弄的變因，就是候選人照片的「形象好壞」。實驗中有兩組選民，分別拿到不同的傳單。其中一種傳單的照片上，甲擁有形象比較好的照片。另一種傳單上，乙擁有形象比較好的照片。模擬的選舉結果發現，如果拿到的傳單上，甲的照片形象比較好，大家就比較會投票給甲，反之，則是投給乙。由此可見，照片的形象好壞會顯著影響大家的投票行為[30]。

那麼，如果長相真的會影響選情，歷年來的當選者豈不應該都是帥哥美女、或者至少都是相貌堂堂？

為了驗證這個說法，普林斯頓大學的心理學家托多羅夫（Alexander Todorov）找了受試者來評比美國歷年參眾議員勝選者與敗選者的外貌。結果發現，當初的勝選者果然比敗選者獲得了更高的外貌分數（被評為看起來較有能力）[31]。

——

[30] Rosenberg, S.W. and McCafferty P. The image and the vote: Manipulating voters' preferences. Public Opin Q (1987) 51 (1): 31-47.

[31] Ballew, C. C., & Todorov, A. (2007). Predicting political elections from rapid and unreflective face judgments. PNAS, 104, 17948-17953.

2010 年，另一項在芬蘭所做的研究也發現類似的結果：外貌評分每上升一個標準差，就會多得到 20% 的票！[32]。

天啊！看來外貌真的決定了很多事！在第三章中，我們還會看到臉孔和打架、擇偶等諸多行為都有關係。而且，嬰兒甚至還演化出利用可愛臉孔操控爸媽的現象。因此，臉孔的重要性可見一般！甚至，最近還有研究顯示，人們對長相也存在著一些刻板印象：會誤認為某些臉型比較聰明！哪一種臉型，是大家認為比較聰明的臉型呢？

答案揭曉：沒錯，又是帥哥美女臉！

人的帥度和智商無關

大家應該都有聽過一句台語，叫做「人若呆，看臉就哉（知）」。這句話，一語道破了人們對臉孔的刻板印象。為了怕大家會錯意，我先把結論說在前面：這句話代表的是一種「刻板印象」！也就是說，這是一種錯誤的制式印

---

[32] Niclas Berggren N et al. (2010). The looks of a winner: Beauty and electoral success. Journal of Public Economics. 94(1-2), 8-15

象：人們誤以為長得帥或美的人，就比較聰明。但是事實上，長相美醜和智商並沒有關係。

最近在《公共科學圖書館綜合期刊》（PLoS One）上的一篇論文，就仔細研究了長相美醜與智商形象的關係。在這項研究中，捷克的科學家找來了 40 位男性和 40 位女性當作「候評者」，研究人員請他們先做智力測驗，然後照相。接著，再找來 160 位「評論者」，其中一半得幫候評者的智商打分數，另外一半得幫候評者的帥度（或美度）打分數，結果出現了三項有趣發現。

第一點：「美度（帥度）評分」和「智商評分」，兩者高度相關。

換句話說，當一個人被認為長得帥或美時，這個人也會被認為比較聰明。這個發現，真的是印證了網路鄉民們常說的一句話：「人帥真好！」原來，帥哥美女不僅人見人愛，還會被認為比較聰明！

第二點：「實際智商」和「美度（帥度）」無關。

重點來了，這個發現顯示：雖然帥哥美女會被「認為」比較聰明，但是事實上，他們並沒有真的比較聰明！實際測量智商後，發現帥哥美女的智商和一般人沒有顯著不同。因此，大家不要再以為帥哥美女就聰明，這只是大家的一種錯誤判斷與見解！

當然，也不要認為帥哥美女就比較笨。雖然常常聽到很多人說「帥哥無腦」或是「美女很笨」，但很多人可能是因為追不到美女、或者沒有帥哥追求，才在酸葡萄心態下說出了這些錯誤見解。

第三點：高智商的刻板臉型－窄臉、尖下巴、寬眉心、寬眼距以及較大較長的鼻子。

最後這個分析相當有趣，研究人員想要知道一般人刻板印象中的高智商臉型到底擁有哪些特徵。他們的分析方法，就是把被評者的臉，根據被評斷的智商高低來分成兩類，然後比較看看被評為高智商跟低智商的臉有何不同。

結果發現，會被誤認為擁有高智商的臉部特徵包括：窄臉、尖下巴、寬眉心、寬眼距以及較大較長的鼻子（男女皆然）。

由此可知，某些臉型的確會勾起大家的刻板印象。但要再一次強調，這只是大家的錯誤「刻板印象」，有這些特徵的人別太高興，特徵完全相反的中槍者也別灰心，因為這些臉部特徵和真實智商的高低完全無關。我們應該要做的事，就是努力分享這些科學發現，讓科學幫大家破除刻板印象！

長相影響薪水？

上述的研究告訴我們，人們的確對帥哥美女們有一些「成見」與偏好。而且，帥哥美女除了被認為比較聰明外，也被認為比較可信、有說服力[33]，甚至還會有較高的薪水。

例如，一項針對加拿大安大略省 16 所大學中 493 位大學教授的薪水調查顯示，當教授在學生眼中比較「性感」時，薪水也會比較高[34]！另一項針對美式足球 138 位四分衛的

[33] *Beauty Pays: Why Attractive People Are More Successful, by Daniel S. Hamermesh Princeton, NJ: Princeton University Press, 2011.*

[34] *Sen, A., M. Voia, and F. Woolley. "Hot or Not: How Appearance Affects Earnings and Productivity in Academia." Mimeo, Carleton University, 2010.*

薪水調查也發現，臉型較對稱的「帥」球員賺得比較多[35]！

奇怪了，教授不是應該要看研究和教學實力嗎？職業球員不是應該比球技和體能嗎？怎麼長相也會影響這些人的薪水呢？這些現象背後，有沒有什麼生物學和心理學上的意涵呢？

或許，人們把帥和美視為是生理健康的一個表徵，因此才會對帥哥美女特別情有獨鍾？

的確，美國心理學家發現，人們在判斷一個人是否健康時，常常會利用臉部的對稱性和特異性來當作判斷的線索。當一張臉的對稱性高、特異性低時，大家就會覺得那個人比較健康。（所謂的對稱性，就是左右臉是否對稱，而特異性，就是臉型和所屬族群的平均臉型是否有差異，特異性越高，看起來就和該族群的平均臉型越不相同。）

而事實上，臉部的特異性的確也和健康相關！心理學家在

---

[35] Berri D.J. et al. (2011). What does it mean to find the face of the franchise? Physical attractiveness and the evaluation of athletic performance. Economics Letters. 111(3): 200-202.

檢視了加州地區 316 位 17 歲青少年的臉部特異性和其真實的健康程度後，發現臉部特異性較高者，孩童時期的真實健康程度確實比較差[36]。

不過，大家必須要留意這些現象之間的因果關係。帥哥美女較高的可信度、說服力、高薪和健康度，也有可能是因為面貌姣好帶給自己較強的自信和野心，並因此正面影響了自己的行為、工作表現以及對自己的健康要求。這其中的因果關係，仍然有待釐清。

預測選情

好！讓我們言歸正傳，回到選舉投票的話題上。如果人們的投票行為真的會被候選人的外型影響，那長相應該也可以用來預測未來的選情吧？果然，托多羅夫在 2006 年選舉前先找受試者做了長相評分，評分的結果成功預測將近七成的選戰結果[37]！

原來，長相與形象真的很重要。各位候選人們，挑些好照片作宣傳吧！而各位選民們，千萬別被照片矇蔽了。投票前，要先仔細想想自己是在選什麼啊！

[36] Rhodes G et al. (2001). Do facial averageness and symmetry signal health? Evol Hum Behav. 22(1):31-46.

[37] Todorov, A., Mandisodza, A.N., Goren, A., Hall, C.C. (2005). Inferences of Competence from Faces Predict Election Outcomes. Science. 308 (5728), 1623-1626.

Part.3

權力使人腐化

職場與官場中，很多人都是換了位子就換了腦子。但是，你以為只有人會換了位子就換腦子嗎？原來，有一種海洋生物也會如此，而且換了位子後還會把整個腦袋都丟棄了。另外，權力真的會使人腐化嗎？有沒有科學證據可以支持「權力使人腐化」的說法？讓我們一起來看看心理學中令人震驚的研究。

大家常常都會抱怨，同事或朋友升官換了位子之後，腦子也跟著換了，原本共患難的朋友，怎麼一爬上高位，就變了個樣。政治人物似乎也會這樣，常常換了位子，就換了腦子。

其實，不只是人會如此，有一種海洋生物「海鞘」也會！而且海鞘在換了位子之後，不只換了腦子而已，而是連腦子都沒了！

海鞘是一種海中脊索動物，其幼蟲擁有簡單的腦與脊索。但是，當牠找到適當的地點後，牠就會固定生根，並消化掉自己的神經索。

為什麼海鞘要這麼做呢？科學家猜測，中樞神經系統的最初功能可能是用來行動以及提供行動所需的各種資訊。當海鞘透過中樞神經系統找到適當的位置並生根後，就不需要再靠中樞神經系統來行動，因此，不如就消化掉神經索，把資源騰出來給其他的生理系統使用。

這樣說來，有些人爬上位置後就無腦了，難道也是這個原因？畢竟，爬上高位、拿到鐵飯碗後，一切都穩當了，何

必要再多事？既然多做多錯，那多一事就不如少一事吧！
這個狀況就跟海鞘一樣：當沒有行動的必要時，留腦何用
呢？

這雖然是玩笑話，但是，海鞘的這個行為，的確顯示出了
中樞神經系統最原始的可能功能。至於人們為什麼換了位
子就換了腦子，更可能的原因之一，就是權力使然。

史丹佛監獄實驗－把好人變壞人

人在爬到上位後腐化的例子很多，因此大家也常常會說：
「權力使人腐化」。但是，如果採取科學的懷疑態度，我
們就必須質問，真的是權力使人腐化嗎？在獲得權力時，
人們通常也會獲得金錢，有沒有可能其實是金錢使人腐化
呢？另外，在爭奪權力的過程中，可能必須要透過齷齪的
手段，才能成功獲得權力，因此，有沒有可能這種說法是
倒因為果，其實是腐化的人才有辦法奪得權力？

要回答這個問題，我們就必須看看有沒有來自科學界的實
驗，可以證實權力和腐化之間的因果關係。結果當然是有。
現在，就先來幫大家介紹一下就是心理學史上惡名昭彰的

「史丹佛監獄實驗」。

1971 年，當時正值越戰時期，美國的學生抗議和社會運動層出不窮。美國的心理學家津巴多（Philip Zimbardo）想要知道人們在面對權威當局時，究竟會如何反應，是會悶不做聲，還是起而反抗？而擁有權力者，又是否會因為權力而改變自己的行為？

於是，津巴多就在史丹佛大學心理系的地下室進行了「模擬監獄」的實驗。他找來了許多自願參與實驗的史丹佛大學學生，每個參與者每天都可以獲得 15 美金，這些參與者被隨機指派擔任獄卒或囚犯，而津巴多自己則擔任典獄長的身分。

實驗的第一天，津巴多找來真的警察，到那些擔任囚犯的學生家中進行逮捕動作，一切的過程就跟真的逮捕行動一模一樣，讓不明究理的鄰居們都看傻了眼。

這座模擬監獄十分逼真，到了第二天，囚犯們就開始表達不滿與反叛，而獄卒也開始展現出高壓手段來回應。不出幾天，有許多被指派扮演獄卒的人都變成極度虐待狂，他

們以各種言語和體罰的方式虐待囚犯。在短短的幾天之內，他們就徹底由「好學生」變成了沒有人性的邪惡獄卒，而這一切的關鍵，就在於瞬間擁有的權力以及扭曲的環境。

而且，該實驗中因權力而淪陷的還包括了津巴多本人。他在囚犯們受苦並要求退出實驗時，沒有做出正確的判斷，也沒有在見到獄卒們不合人道的虐待方式時即時介入。這個實驗一直到了第六天，當津巴多的女友馬斯拉其（Christina Maslach，現為美國加州大學柏克萊分校的心理學教授）參訪實驗時，才點醒了深陷其中的津巴多，也才終止了這項實驗。

這個實驗顯示出，把好人放在不良的制度與環境中、並賦予權力時，環境與權力就有可能把好人變成邪惡的壞人。而這個現象，其實每天都在社會中上演。軍中的老兵欺負新兵、長官虐待下屬、洪仲丘事件，都可以說是環境與權力誘發出人類邪惡本質的真實案例。這種好人被誘發出邪惡行為的現象，就有如是天使路西法墮落成魔鬼撒旦的過程一般，科學家稱之為「路西法效應」[38]。

———

[38] Zimbardo, P.G. (2007). *The Lucifer Effect: Understanding How Good People Turn Evil.* New York: Random House.

掌權者的馬腳

權力除了會誘發出人心邪惡的一面，也會導致一種不顧他人的心態，讓掌權者傾向於只用自己的角度做事。

例如，在 2006 年一篇發表在《心理科學》的論文中，科學家要求受試者在自己的額頭上寫下「E」這個字母。一般人被要求作這項作業時，會有兩種寫法，一種是頭上寫下「倒 E」，也就是旁人看起來左右顛倒的「E」，另一種是「正 E」，也就是旁人看起來正常的「E」。

結果發現，當受試者被賦予權力後（例如被要求扮演經理的角色），他們在額頭上寫下「倒 E」的機會比較高，而當受試者沒有被賦予權力時（例如被要求扮演屬下的角色），他們在額頭上寫下「正 E」的機會比較高。也就是說，自認為有權力者，似乎比較不在乎旁人的看法或觀點，他們會自顧自的在額頭上寫下「倒 E」，而不理會這個字在他人眼中是不是左右顛倒[39]。

—

[39] Galinsky AD1, Magee JC, Inesi ME, Gruenfeld DH. (2006). Power and perspectives not taken. Psychological science. 17(12):1068-74.

除了以自我為中心之外，該研究以及後續的論文也都指出，自認為較有權力者，比較拙於判斷他人的表情，顯示出他們可能比較欠缺同理心[40]。

在 2010 年《心理科學》上的另一項研究中，科學家發現，當受試者被要求擺出「高權力的身體姿勢」時，他們身上的睪固酮濃度會上升，而他們的行為也會因此出現變化，例如，他們也變得比較會願意賭博，並且會自認為自己可以掌控全局[41]。

高權力的身體姿勢

低權力的身體姿勢

---

[40] Kraus MW, Côté S, & Keltner D (2010). Social class, contextualism, and empathic accuracy. Psychological science, 21 (11), 1716-23

[41] Carney DR1, Cuddy AJ, Yap AJ. (2010). Power posing: brief nonverbal displays affect neuroendocrine levels and risk tolerance. Psychol Sci. 21(10):1363-8.

Chapter.2 職場騙局

以上都是權力使人腐化的科學證據，但是，科學的能力畢竟有限。在複雜的政治與社會環境之中，唯有時時自我警醒，才能避免像路西法天使一樣在環境的誘惑以及權力的助長之下墮落成為魔鬼。掌權者一旦墮落，造成的傷害也更巨大，大家不可不慎。

Part.4

基因決定政治傾向？

最近，台灣的政治和社會運動此起彼落，各種議題都有越來越多人參與討論，而每個人的立場也各有不同。從思想的開放程度來說，可以粗略的把人分成自由派以及保守派。你是哪一派呢？科學能夠告訴我們為什麼有些人的政治立場是開放或保守嗎？

關於政治意識型態，為什麼有些人是保守派，有些人則是自由派？你以為每個人的政治意識型態，都只是單純的由個人的所學與經驗所決定而已嗎？

大家一般都認為，思想的開放或保守，取決於一個人的經歷與成長環境。但是，有些政治心理學的理論則認為，除了環境的影響，個性也是決定政治意識型態的重要因素之一。

政治意識影響心理特質

一般來說，保守派人士比較制式、循規蹈矩，並且會展現出較一致的認知形式，而自由派人士則對複雜的資訊、模糊性與新資訊比較有興趣。也因此，紐約大學社會心理學家喬斯特（John Jost）就提出了一個理論，他認為一個人的政治意識型態是保守或自由，其實就是這個人內心需求、興趣與慾望的展現[42]。

---

[42] Jost, J. T., Glaser, J., Kruglanski, A. W., & Sulloway, F. J. (2003a). *Political conservatism as motivated social cognition. Psycho- logical Bulletin, 129, 339–375.*

根據喬斯特的理論，當一個人對於威脅感、模糊性與不確定性感到非常排斥，並有強烈的慾望想要降低這些因素時，就比較有可能成為保守派。相反的，如果對於這些因素比較不排斥，則比較有可能成為自由派。

支持這個理論的證據著實不少[43]，而且，喬斯特最近還有一項新的研究發現，這兩種人的心理特質差異，並不只會影響他們的政治意識型態，甚至還會影響平常的行為決策[44]。除此之外，腦電圖也可以顯示出這兩種人在做決策時的腦部差異。

在這篇發表於 2007 年《自然神經科學》的研究中，喬斯特的研究團隊找來了自認為是自由派與保守派的受試者，要求他們進行一項簡單的作業。他們必須在螢幕上出現「M」時快速做出按鍵反應，而螢幕上出現「W」時則不反應。兩個字母出現的比例是四比一，因此，大部份的時間受試

---

[43] Jost, J.T. et al., (2011). "Political ideology as motivated social cognition: Behavioral and neuroscientific evidence". Motivation and Emotion 36 (1): 55-64.

[44] David M Amodio et al., (2007). Neurocognitive correlates of liberalism and conservatism. Nature Neuroscience 10, 1246 - 1247

Chapter.2 職場騙局

者都會看到「M」且必須按鍵，只有偶爾「W」出現時，受試者才必須克制自己不要按鍵。

結果發現，當「W」字母出現時，自由派受試者犯錯的機率比較低。此外，腦電圖也顯示，當「W」字母出現時，自由派受試者腦中一個負責偵測衝突的腦區（前扣帶皮質）活動也會比較強烈。

也就是說，當外在世界出現衝突或異例時，自由派受試者的前扣帶皮質反應會比較強烈，而且他們也比較容易偵測到這些變化。（不過，自由派的讀者請不要對此結果做過度延伸。比較容易偵測到外在世界的衝突或異例，不見得就是「比較優異」，因為在某些情境下，無視衝突或異例的能力或許能帶來更大的優勢。）

姑且不論兩者孰優孰劣，這個結果顯示，政治意識型態可能並不只是取決於一個人的經歷與成長環境，同時還反應出一個人的心理特質。

同卵雙胞胎的政治傾向一致

如果說，政治傾向是受到心理特質的影響，那麼，基於某些心理特質有其生物基礎，我們有沒有可能找到某些與政治意識型態相關的基因呢？

事實上，最近已經開始有證據顯示，政治思想和傾向似乎真的和基因也有關係。例如，2005 年一篇以雙胞胎為研究對象的研究就發現，同卵雙胞胎之間的政治傾向比異卵雙胞胎之間的政治傾向要來的接近，顯示出基因也對政治傾向有某種程度的影響[45]。

所謂的同卵雙胞胎，就是由同一個受精卵分裂成兩個胚胎而產生的雙胞胎，這種雙胞胎手足之間的基因相似度是100%。而異卵雙胞胎則是由兩個不同的受精卵所產生的雙胞胎，這種雙胞胎手足之間的基因相似度大約是 50%，就跟一般的兄弟姊妹之間的基因相似度一樣。

---

[45] *Alford J., Funk C., Hibbing J. Are political orientations genetically transmitted? Am. Polit. Sci. Rev. 2005;99:153-167.*

大部份的學者都認為，在比較同卵雙胞與異卵雙胞之間的差異時，環境的影響可以忽略不計，因為對每一對雙胞胎來說，他們所經歷的環境影響應該十分類似。也就是說，透過比較同卵雙胞與異卵雙胞，最令人頭痛的環境因素就可以被忽略不計，而如果在比較後仍能找到同卵雙胞與異卵雙胞之間的差異，則可以歸因到基因的影響。

在這項研究中，研究人員要求超過 8000 對雙胞胎對 28 項政治議題表態，包括了墮胎、離婚、地產稅、資本主義以及限制級電影管制等問題。以「是否認同資本主義」這個議題來說，同卵雙胞胎對此議題表態的相關一致性是 0.53，而異卵雙胞胎對這個議題表態的相關一致性是 0.34。也就是說，同卵雙胞胎在回答這個問題時比異卵雙胞胎更一致，而基因所貢獻的差異大小約略是 39%。若是綜合 28 個議題，那麼基因所可以解釋的差異大約是 53%。

換言之，這項研究顯示出，同卵雙胞胎對於政治議題的態度比異卵雙胞胎更一致，而這些政治傾向上的差異，大約有 53% 是基因所致。

天生的好奇自由派基因

如果基因真的可以影響政治傾向，那有沒有辦法找到究竟是哪一個基因或哪些基因所造成的影響呢？前陣子的一項基因研究，就真的找到了一個會影響我們是否成為自由派的基因！

2010 年，美國加州大學聖地牙哥分校的佛勒（James Fowler）研究團隊分析了超過 2500 位受試者後發現，如果一個人身上帶有某種特殊型態的 DRD4 基因，就比較有可能在成年時變成思想和政治上的自由派[46]！

但是，前提是這個人在青少年時期必須交遊廣闊！

原來，DRD4（dopamine receptor D4）基因會製造出多巴胺的受器，進而強化多巴胺對大腦的影響程度。多巴胺是腦中的一種神經傳導物質，與運動以及興奮的情緒有關，因此，當多巴胺的受器越多時，就容易增強人們追尋新奇事物的

---

[46] Jaime ES.et al.(2010). *Friendships Moderate an Association Between a Dopamine Gene Variant and Political Ideology. Journal of Politics 72 (4): 1189-1198*

動機。

科學家認為，只要帶有這個基因，就會是個「新奇事物追尋者」，同時，如果在青少年時期交遊廣闊，就會欣然的觸及各種不同的觀點和想法，並因此成為思想和政治上的自由派。

不過，如果只有該基因，但卻沒有交朋友，那也沒用，因為不會有足夠的觀點與想法讓你吸收。一身的追求新奇衝動，可能就會讓你變成動漫阿宅、美食阿宅等等各種達人阿宅。

換言之，自由派的傾向，可以說是受到了基因和環境的共同影響。

主導這項研究的佛勒表示，這個基因其實只解釋了 1% 左右的政治思想差異，也就是說，可能還有其他基因也扮演了影響政治思想的角色，而他們現在也正在積極拓展這門基因政治學。

大腦結構洩露政治傾向？

如果基因、心理和環境的共同影響會決定人的政治傾向，那麼，這種影響應該會在大腦中出現神經關聯，也就是說，我們應該可以從人的大腦結構中看出端倪才對。

很快的，就有科學家對這個假設展開驗證，這位科學家，是我的一位日本朋友金井良太（Ryota Kanai），目前任教於英國薩賽科斯大學心理系。

第一次遇到金井良太時，應該是在我幾乎每年都會去的視覺科學年會上。那時大概是 2005 年，我還是研究生，而他則是加州理工的博士後研究員。金井良太有著許多在歐美留學的日本人都有的特質，就是一種「和典型日本人完全相反的特質」。

典型的日本人比較謙虛、靦腆、注重禮節，而許多留學的日本人則都比較自信、外向以及不拘小節。典型的日本人講話小聲，深怕吵到別人，但留學的日本人則喜歡高談闊論、旁若無人。有幾次和他們聊天，他們自己也都覺得和日本傳統社會格格不入，就宛如是早期日本的浪人一般，而這其實也是他們選擇出國留學的原因之一。

金井良太在他一項發表在《當代生物學》研究中，利用磁振造影檢視了 90 位受試者大腦所有部位的灰質體積，結果發現，比較自由派的受試者，其前扣帶皮質的灰質體積也會比較大，而比較保守派的受試者，其右側杏仁核的體積會比較大[47]。

有些人認為，這個發現顯示出，當負責偵測衝突、處理衝突資訊的前扣帶皮質體積較大時，就可能比較能夠理解衝突和不同的觀點，並成為自由派。而當杏仁核的體積較大時，可能比較容易受到情緒影響，因而恐懼新觀點、害怕改變，並成為保守派。

不過，金井良太自己則認為，雖然這項研究找到了與政治傾向相關的腦區，但這些腦區與政治傾向之間的因果關係仍不明確。這些腦區可能並沒有直接表徵政治傾向，究竟這些腦區是如何影響了人的行為與政治傾向，仍有待進一步的研究。

——

[47] Ryota Kanai et al., (2011). Political Orientations Are Correlated with Brain Structure in Young Adults. Curr Biol. 21(8): 677-680.

體味和政治立場的正相關

既然政治立場與基因有關，那麼除了腦部會反應出基因差異，身體的其他部位或生理狀態會不會也有所不同呢？在這樣的懷疑氛圍中，科學家把目標轉向了體味！

一直以來，政治與社會心理學家都知道一個事實，就是（美國）夫妻的政治立場總是非常接近。許多調查都顯示，美國夫妻之間相關性最高的特質，就是宗教立場和政治立場[48]。

你可能會有兩種解釋方法。一，這些夫妻其實一開始政治立場不盡相同，但是相處久了，自然想法就會越來越近。二，有可能是因為政治立場不同的夫妻，每天吵架受不了，最後通通都離婚了，所以剩下來的當然都是政治立場相近的夫妻。這兩個解釋都有可能，但是研究顯示，這兩項因素的影響都很小，因為調查發現，大部份美國新婚夫妻的政治立場就已經十分接近。

---

[48] *Alford, John R., Peter K. Hatemi, John R. Hibbing, Nicholas G. Martin, and Lindon J. Eaves. 2011. "The Politics of Mate Choice." Journal of Politics 73(2): 362-79.*

這個「夫妻政治立場相近」的發現，一直讓人猜不透原因。更奇怪的是，夫妻的政治立場是在剛結婚時就已經十分相近，而不是後來才變成相近的。難道是有什麼因素會讓政治立場相近的男女互相吸引嗎？

一般人會認為，男生會喜歡的女生類型，就是年輕正妹、年輕正妹、年輕正妹，而女生會喜歡的男生類型，就是有錢、有錢、有錢。

咦？我好像不小心按到複製貼上了？好吧，稍微修改一下，男生喜歡的女生類型，其實是白富美，女生喜歡的男生類型，其實是高富帥。說得文雅一點，就是外型、長相和經濟因素優先，了不起再加上個性。但是「政治立場」怎麼也排不上邊吧，難道有人相親一見面就在談政治的嗎？

因此，這個「夫妻政治立場相近」現象的原因，始終是個謎。但是沒想到，最近有一項研究似乎提供了一個不錯的解答。這項發現就是：政治立場相近的人，也會比較喜歡對方的體味。

在這一項由美國布朗大學的政治科學家麥德莫（Rose

McDermott）於《美國政治科學期刊》上發表的研究中[49]，科學家找來了 146 位受試者，透過問卷對他們的政治傾向做出分類。然後，選擇了其中的 21 位，要他們帶著實驗室提供的無味肥皂和洗髮精回家洗澡，然後在腋下貼上一個氣味蒐集貼。在 24 小時之內，他們不得抽煙、喝酒、吃辛辣食物、使用香水、發生性關係或做任何已知會導致體味改變的事。

隔天他們交回氣味蒐集貼。剩下的 125 位受試者一一聞這些氣味蒐集貼，接著依照自己對這些氣味的喜好度進行評分。結果發現，當氣味來自於政治立場相近者時，評分者的喜好度也會比較高！換句話說，政治立場相近的人，也會比較喜歡對方的體味。

從生物學與基因的角度來看，基因影響了人類的許多特質，賀爾蒙、體味、個性、心理特質、大腦發展與政治傾向，或許都是剛好受到同一個基因或一組基因的影響，也因此，我們才會看到這些特質之間的相關性。

___

[49] Mc Dermott, R .et al. (2014), Assortative Mating on Ideology Could Operate Through Olfactory Cues. American Journal of Political Science. doi: 10.1111/ajps.12133

雖然其中的確切機制目前仍不清楚，但是這些基因、大腦、行為、心理特質以及政治傾向之間的相關性實在是太有趣了！以後政黨吸納青年軍的標準程序，該不會要先驗驗看有沒有左派基因、聞一下體味、再掃描一下大腦，然後才決定要不要錄取吧？

Chapter

3

社交騙局

社交，就是人與人之間的交流與互動。基於人性自私的本質，只要有人際互動，就有可能出現欺騙。在交友、愛情、擇偶等各種社交與人際關係之間，社交欺騙無所不在。在演化的過程中，甚至把某些對自己有利的行為刻入了基因之中，使得社交欺騙行為也不知不覺的出現在嬰兒時期。現在，就讓我們一起來看看各種社交騙局。

Part.1

網路正妹的溫柔陷阱

你知道臉書上一堆新註冊的美女帳號是做什麼用的嗎？你知道 WhatsApp、Line 以及 Skype 上突然加你好友的的陌生正妹是誰嗎？ 2013 年 7 月 15 日，蘇格蘭的 17 歲青少年派瑞（Daniel Perry）受到網路勒索的巨大壓力而自殺，其背後的邪惡推手，竟然就是這些美女帳號？以下我將為大家揭開其中的內幕及其蘊含的心理學詐騙手法。

2014 年 4 月，我在臉書上成立了「謝伯讓的腦科學世界」粉絲專頁，開始分享腦科學的相關知識趣聞。既然是公開分享文章，當然會希望有越多人看到越好。因此，我就開始使用個人的臉書帳號來廣泛接受陌生朋友的邀請，希望這些新朋友也能看到我的文章。

這時候，我發現了一個有趣的現象，在臉書的一些陌生朋友邀約中，似乎常常會出現一些奇特的帳號，這些帳號都有著共同的特點：美若天仙的大頭照片以及空白的時間線。

對於這個奇怪的現象，我提出了四個可能的假說來解釋這些帳號：一是正妹們新成立的帳號，二是想要援交的女性，三是有人用假照片來自我滿足，四是購物網站打算用假照片先吸引一堆阿宅好友們再來發廣告做網拍。

由於我的科學家性格，我向來無法忍受眼前一直存在著沒有被驗證的假設。於是，我便懇請一位深諳網路行為與社會民情的好朋友「老賈」幫我進行調查。沒想到，他這一調查，竟然發現了這些帳號的驚人內幕。現在我先賣個關子，請大家跟著我朋友老賈的經歷，一起還原當時的互動過程，看看她們的葫蘆中究竟裝了什麼藥。

假網愛,真勒索

某個風和日麗的下午,老賈正在臉書上隨意瀏覽動態,登愣一聲,右上角出現了好幾個紅色通知。向來自詡為社會觀察家的老賈,終於在網路世界等到正妹帳號主動加為好友了。於是,老賈立刻接受了幾個正妹的朋友邀請。不出三分鐘,其中一位正妹馬上傳來私訊。

這位正妹使用英文,他們大概聊了一些住哪裡、幾歲、做什麼工作之類的沒營養話題。小聊一陣後,正妹確認了老賈是獨自一人在家,就說想要改用 Skype 聊一聊。老賈心想,好啊,這真是地獄無門妳偏要闖,妳用 Skype,剛好現出原形,我就可以一探妳的虛實。

Skype 接通之後,當然就看到本人了。哎呦,不錯喔,真的是正妹。雖然本人比臉書上的照片稍微抱歉一些,而且還有點不太像是臉書照片上的同一人,但是老賈很快就為對方找到了藉口:她的臉書照片可能是經過精挑細選,外加 PS 處理過後才會那麼美,本人長相稍微抱歉一點,也算是合情合理。更何況,網路世界本來就是虛虛實實,恐龍裝正妹這種事所在多有。

唯一啟人疑竇之處，就是這位正妹說她麥克風壞了，所以只能給老賈看沒有聲音的視訊影像。因此，她想要說話時，是用打字的方式傳訊。

就這樣，老賈和正妹就使用 Skype 持續聊著五四三的話題。剎那間，劇情突然出現巨大轉折，這位正妹突然莫名其妙的說她興致來了，想要跟老賈玩個遊戲。說時遲、那時快，突然她就切斷了視訊，然後傳了一行訊息給老賈：「等我一下喔，我要讓你看一些清涼刺激的畫面」。

老賈心想，好啊，不看白不看，天上掉下來的禮物豈有不收之理。果然，兩分鐘後，她信守承諾，視訊又打來了。老賈一接通，鼻血差點噴滿螢幕，正妹全裸了！

但是，好景不常，正妹一下就切掉了視訊。接著她就說，她也要看老賈的，大家一起一絲不掛才有趣。

老賈納悶，誰要跟妳一絲不掛啊。不如這樣吧，就先呼攏妳一下。於是老賈就隨口瞎扯說他也脫光了，咱倆數到三，一起開視訊吧。數到三之後，她果然又信守承諾開了視訊，這次老賈鼻血噴到天花板了，正妹不但三點全露，而且開

始使用情趣電子按摩用品！

但是，這位正妹似乎也不笨，她看老賈不守信用，心生不滿，馬上就又切斷視訊，質問老賈為何不一起參與這場裸體盛宴。老賈事後跟我坦言，這時他有點衝動，差點就要準備一起加入網路天體營的行列，還好，就在老賈即將落入陷阱之前，他喜愛捉弄人的個性剛好發作。他心想，這位正妹好像傻的有點天真，不如再開她一次玩笑好了，於是老賈就把鏡頭對準後方牆壁，然後再度胡扯說他脫光了，叫對方再開一次視訊。

正妹果然又信守承諾開了視訊，繼續身無寸縷的玩弄著情趣用品。過了一會，正妹再度不悅，傳來一句話：「你鏡頭怎麼只對著牆壁，人跑去哪兒了呢？」

就在此時，正妹出現了關鍵的破綻，她明明左手搔首弄姿，右手緊握情趣用品，怎麼還能打字呢？！難道是在放假影片騙人？！

她繼續在「左手搔首弄姿、右手緊握情趣用品」的狀態下，用她那一雙理應正在自己身上遊走的手，打字要求老賈全

裸現身。老賈不從，於是正妹就又切斷視訊了。她說，如果老賈再不加入，她就不玩了。

老賈心想，妳明明是在放影片，根本不是真人視訊。咦，難道妳是想要引誘我脫衣，然後側錄，最後再來勒索我？

這時，由於老賈實在很想繼續觀看免費三級片，又同時想測試一下對方到底是不是詐騙集團，於是靈機一動，就用手機搜尋了「男性猥褻無臉自拍」，隨便用手機下載了一部影片後開始播放，接著把電腦鏡頭對準手機螢幕，然後跟正妹說：「我這次真的要守信全裸了，我們再來吧。」

對方果然再度上當，又繼續開了視訊。她這次看到老賈播放的男性猥褻影片，很是滿意。就這樣，老賈也免費再度觀看了幾分鐘正妹的清涼影片，心中十分歡喜。這期間，老賈手機上的男性猥褻影片還一度冒出字幕，差點穿幫，還好正妹傻傻的沒有發現。

正妹看了老賈播放的影片後，不斷要求老賈也要像她那樣全身連臉一起入鏡，不然不公平。她一直催促老賈露臉，老賈就一直要她等等，說自己雙手正在忙，沒空調整鏡頭。

幾分鐘後，老賈終於完全確認對方是在播影片，因為，她的影片已經開始重複了！

事實上，老賈用手機下載的男性自拍影片也重播兩輪了，不過對方似乎沒看出來。最後老賈心想，別鬧了，不想再跟這個人瞎耗了，兩個人（對方應該也是個男性，所以是兩個男人）在這邊用 Skype 互放三級片是怎樣。終於，老賈自己切斷視訊，結束這場鬧劇。

大家現在知道這些臉書正妹帳號是怎麼回事了吧。原來，這根本是假網愛、真勒索啊！下次鄉民們跟陌生人進行網愛時，千萬別露出自己的臉喔。因為，對方的目的，就是希望捕捉到你在進行不雅行為時露出臉孔的影像，以便日後對你進行勒索。

激起你的抱抱賀爾蒙

在這場騙局之中，對方其實運用了相當精緻的心理學手法。她唯一的兩個破綻，就是忘了影片中的人物兩手在忙碌時不可能打字，以及沒料到老賈竟會看出她的影片已經開始重播。除此之外，這場騙局幾乎是無懈可擊。

對方除了善於利用男性喜好目視邪色（尤其是在獨處時）的本性之外，還很巧妙的運用了「信任先手」以及「投桃報李」的心理學技巧。

所謂的「信任先手」，就是當一方先主動以行動表達信任後，另一方很快就會卸下心房並回饋信任。神經經濟學家札克在許多項研究中都指出，當受試者感受到對方的信任時，大腦就會分泌較多的催產素[50]。在假網愛的騙局中，對方率先脫去衣裳露出身體的表現，就是一種搶先表達信任的「信任先手」。這個舉動，會讓我們大腦中的催產素濃度直衝天際。接下來，催產素這個「抱抱賀爾蒙」、「性愛賀爾蒙」以及「社交賀爾蒙」就會發揮它名符其實的功效，很多人便因此落入對方的圈套。

這種「信任先手」，就是所有社交騙術的精髓之所在。

大部份的人在看到對方的視訊影像時，可能都不會料到對方只是在播影片。因此，心中就會認為，對方都坦誠相見

___

[50] Paul J. Zak (2012). *The Moral Molecule: The Source of Love and Prosperity*. Dutton. ISBN 978-0525952817.

的釋出信任了，我還有什麼好怕的。有些比較小心謹慎的男性，確實可能會擔心對方拿自己的全裸影像來勒索，但是，這些男性只要一想到「不如我也錄下對方的全裸影像，這樣一來就可以反制對方的勒索」，他們就會因為有恃無恐而失去警覺。

畢竟，如果你公佈我的影像，我也會公佈你的影像，而且，女性應該比男性更怕被公佈吧。殊不知，對方根本只是在播放假的影像而已。所以說，千萬不要以為在網愛時先側錄下對方的影像，就自認為握有籌碼而不會被勒索，因為對方八成只是個在播放假影片的男性喔！

甜頭嚐不嚐？

那「投桃報李」效應又是什麼呢？投桃報李效應就是，當人們接受到禮物或恩惠越大，回饋的程度也會越高。德國的經濟學家福克（Armin Falk）曾經在現實生活中做過一項實驗[51]，他和某個慈善機構合作，寄出了一萬封的捐款邀

---

[51] *Falk, A. (2007), Gift Exchange in the Field. Econometrica, 75: 1501–1511.* *doi: 10.1111/j.1468-0262.2007.00800.x*

請函給社會各界人士。其中三分之一的邀請函中附送了大禮物，三分之一附上小禮物，另外三分之一則沒有附贈禮物。結果發現，收到小禮物的人比沒收到禮物的人多捐了17%，收到大禮物的人則比沒收到禮物的人多捐了 75%。

在假網愛的案例中，對方在先秀出裸身影片後，就會不斷要求我方也要作出同樣的舉動來進行回饋。在「投桃報李」的效應下，當事人很容易就會做出回應。再加上「信任先手」的雙重心理效應發酵，又有多少人能倖免於難呢？

不過，在看了老賈的故事和我的分析後，大家應該就會對這個騙局產生抗體了。但是，公佈騙局的結果，將會刺激詐騙集團們繼續製造和改進出新的騙局。因此，希望大家要謹記一個最重要的原則：騙局的精髓在於「信任先手」。下次如果遇到陌生人率先釋出「信任」而後利誘，記得要保持冷靜、理性思考喔！

心痛的後記

在寫完這篇文章之後，我查閱了一下案發當時的國際社會新聞，結果發現一個令人心痛的相關事件[52]。2013 年 7 月 15 日，蘇格蘭一名 17 歲青少年派瑞（Daniel Perry）在受到網路勒索的巨大壓力後，以自殺的方式結束了生命。在派瑞自殺前的一小時，他在電腦上收到了一封訊息說，如果他不匯錢，那麼所有他被錄下的照片和影片就會被公開。

2014 年 5 月，菲律賓警方破獲了一個專門從事性勒索的網路詐騙集團。警方一共逮捕了 87 人，其中 3 人正是參與詐騙派瑞的主謀。據報導，該集團是透過臉書來鎖定新加坡、香港、印尼、英國、美國與澳洲的英語使用者，受害者被錄下影片後，會被勒索 500 至 15000 美元。破獲的資料發現，光是香港的受害人數就超過 600 人。雖然這次警方逮捕了不少人，但是仍有更多參與者在逃或因證據不足而被釋放。而且，此類高獲益的網路詐騙才只是剛要起步。

我很確定，派瑞所遭遇的詐騙情境，和老賈所經歷的過程

---

[52] http://www.bbc.com/news/uk-scotland-edinburgh-east-fife-23712000

應該完全一樣，都是這個詐騙集團的傑作。很遺憾的是，
這些經驗和警方的努力都沒能及時拯救他的生命。只希望
未來，知識與經驗的共享能夠更快速、更普及，才有機會
適時援救到需要幫助的人。

Part.2

暗訪詐騙集團

你知道前奧運金牌國手是怎麼遭受網路詐騙的嗎？你知道利用微信「附近的人」功能中尋求援交的女性想要做什麼嗎？擅於心理學實戰的詐騙集團如何操弄人心？以下就是最近十分火熱的微信詐騙模式大公開。

社會中的各種「心理學實戰」現象，一直是我很感興趣的主題。所謂的「心理學實戰」，就是社會中各種利用心理學技巧來達成社交目的的實際舉動。如果要對社會中的「暗黑心理學實戰高手」進行排名，其中的佼佼者，應該就是詐騙集團。既然詐騙集團是暗黑心理學實戰高手，若能對他們進行研究想必相當有趣。

礙於時間、空間和安全上的限制，最容易主動接觸到詐騙集團的方式，就是透過網路和手機，特別是各種交友軟體。幾個月前去大陸參加一場學術會議後，我開始使用微信。微信在台灣或許沒有 WhatsApp 和 Line 來的流行，但是在大陸，微信的市場穿透率超過 90%，全球的註冊人數也超過 6 億人。

微信被許多人戲稱為「約會」神器，因為它有一個特殊的功能，就是察看「附近的人」。這個功能可以讓使用者搜尋周遭的陌生人，然後開始聊天。雖然其他軟體有此功能，但是微信的廣大市場穿透率，讓它成為陌生人約會的首選軟體。

當廣大的男性朋友都開始使用這一類交友軟體後，有如鯊

魚般嗜血的詐騙集團，當然也就聞香而至。於是，微信上開始出現許多美女帳號，這些人，其實很多都在進行假援交、真詐騙的不法勾當。

美女照片的威力

星馬一帶從 2014 年 7 月開始，就陸續聽聞過這一類的詐騙手法。為了一探究竟，我也打開了察看「附近的人」的功能。果然沒多久，就有正妹傳來訊息，而且還不只一位。在經過幾番周旋之後，終於親身記錄以下的詐騙手法。

首先，這些正妹的照片真的都很正，看起來也很像是真人的生活照。有些手法比較拙劣的，會使用大陸或台灣小模的照片，但是，大部份的高手，都會使用素人的美麗街拍照片，好讓大家信以為真。

我不得不說，這些正妹的照片，真的對男生有很大的吸引力。對女性讀者而言，或許難以想像正妹照片對男生的吸引力究竟有多大，所以，我們就來看看一些科學證據吧。

事實證明，<u>正妹照片不但對男生會產生性方面的吸引力，</u>

更會影響男性的金錢判斷。一項由銀行所做的實際貸款實驗顯示，如果男性客戶收到的貸款廣告上出現了美麗女性的照片，他們願意接受的貸款利率，竟然比貸款廣告上出現男性照片時高出了 4.5%[53]。

也就是說，男性看到美女後，願意付出較高的利息來貸款。另一項研究也顯示，男性看到比基尼辣妹後，眼前的金錢價值將會下降。因為，當受試的男性被問道「如果你今天無法拿到 15 元的受測費，一個月後你覺得應該要拿多少才合理」時，看過比基尼辣妹的男性，一個月後願意拿的錢明顯比對照組減少了許多[54]。

「目標漸近效應」用錯時機要人命

美女的照片發威後，接下來，千篇一律，這些正妹就會傳

[53] Bertrand,M.et al.,What's Psychology Worth? A Field Experiment in the Consumer Credit Market (July 2005). Yale University Economic Growth Center Discussion Paper No. 918. Available at SSRN: http://ssrn.com/abstract=770389

[54] Van den Bergh, Bram and Dewitte, Siegfried and Warlop, Luk, Bikinis Instigate Generalized Impatience in Intertemporal Choice (2007). Available at SSRN: http://ssrn.com/abstract=1094711 or http://dx.doi.org/10.2139/ssrn.1094711

來簡體字，然後以沒什麼重點的閒聊開場。聊沒幾句之後，正妹就會說自己現在缺錢有在援交，問我有沒有需要。為了幫各位讀者刺探她們的詐騙手法，我當然立馬說有。此時，正妹就會說，那麼我們到某個地鐵站的出口會面吧。

一般來說，如果是剛好有時間的男性，大概都會有想要去見一下正妹的念頭。即使沒有真的想要援交，至少去看一眼正妹應該也挺有趣。其實，這正是她們騙人上當的第一步。對方現階段的第一要務，就是要讓客人覺得，無論有沒有要援交，至少你們一定會見到面。

至於我，當然不會真的出門，我跟正妹說，半小時之後就會趕到。半小時後，小睡一頓起床，我仍在家，然後好整以暇的傳訊給對方，說我已經到了。此時，對方通常會很慢才回覆訊息。其目的就是想讓我多投入一些時間成本。雖然我是在家等，但是也讓我等得很不耐煩。一直等到天荒地老、等到我都準備跟正妹說我不玩了，她才會說：「為了避免警察釣魚，同時避免客人吃霸王餐，能否請先去地鐵站口的轉帳機器購買 100 新幣的支付寶，只要買好了支付寶，我就會親自來接你上樓開房喔！啾咪。」接著，正妹就會給你一個電子信箱帳號，請你把支付金額匯入這個

帳號中。

此時，很多人應該就會感到怪異。當然了，對方早已料到客人會心生懷疑，因此她們馬上就會說：「別擔心，購買支付寶後，金額只是暫存在第三方的戶頭之中。只要您買好了支付寶，我就會馬上下樓來迎接。如果我真的沒有下來，或者您看到我之後不喜歡我，就再把支付寶退回您自己戶頭就好了。啾咪。」

如果我此時回她說，購買支付寶太麻煩的話，正妹就會說：「您都這麼有誠意大老遠跑來，而且都等這麼久了，如果現在放棄回家，就太划不來了呀！」哎呀，真是太令人感動了，原來，正妹不但外表美，內心更美，還會替已經大老遠跑一趟的客人著想呢。

說實話，對方這個說詞真的是挺誘人的。如果我真的大老遠坐車過去，然後前前後後已經投入了將近一小時的時間成本，這表示我應該真的很想援交。在如此強大的援交慾望和已投入成本的影響下，最後這支付 100 新幣的動作，似乎也沒什麼好計較的了。的確，她們的這項手法，就是使用了心理學中的「目標漸近效應」（goal gradient effect）。

所謂的「目標漸近效應」，就是當目標即將達成時，就會更積極的去完成目標。早在 1934 年，心理學家霍爾（Clark L. Hull）就發現，在迷宮中尋找食物的老鼠，會在快要到達藏有食物的終點之前越跑越快[55]。哥倫比亞大學商學院教授奇維茲（Ran Kivetz）也發現，人們在快要達到目的時，就會投入更多的努力來加速達成目標[56]。

例如，當咖啡店的集點卡快要集滿時，喝咖啡的頻率就會增快。此外，如果店家發給你的卡，是已經幫你免費蓋了 2 格的 12 格集點卡（還差 10 格可以集滿），而不是空白的 10 格集點卡，你也會更努力的喝咖啡集點。這個現象也可以在網路使用者身上看到：當網路上的歌曲評分員快要完成足夠的歌曲數量以換取獎品時，他們也會更常上站去評分，而且每次上站評分的歌曲數量和總停留時間都會增加。

---

[55] Hull, C. L. (1934). The rat's speed-of-locomotion gradient in the approach to food. Journal of Comparative Psychology, Vol 17(3), 393-422.

[56] Kivetz, Ran, Oleg Urminsky, and Yuhuang Zheng (2006), "The Goal-Gradient Hypothesis Resurrected: Purchase Acceleration, Illusionary Goal Progress, and Customer Retention," Journal of Marketing Research, 43 (1), 39-58.

此外，研究還發現，光是「想像目標漸近」或「想像目標完成」，也可以讓人願意投入更多的努力來加速達成目標[57]。還記得正妹傳來的訊息嗎？「只要買好了支付寶，我就會親自來接你上樓開房喔！啾咪。」這句話，很顯然就是在鼓勵客人去想像目標達成後的美好狀態。如此成功的應用心理學手法，真是令人歎為觀止。

性慾惹禍上身

接下來，如果真的因為急著想要「達成目標」而按耐不住，購買了支付寶。那對方就會人去樓空，微信上的正妹就再也不會回你訊息啦。

大多數的人走到這步田地，大概就會發現自己受騙，只好摸摸鼻子回家。但是，偶爾也會有一些人不死心，一直鍥而不捨的傳訊息追問對方怎麼不趕快下來。這種人，就可能變成詐騙集團眼中的「大魚」。為什麼呢？因為當這些人不斷傳簡訊詢問小姐人在哪裡時，就透露出一個明顯的

---

[57] Amar Cheema, Rajesh Bagchi (2011) *The Effect of Goal Visualization on Goal Pursuit: Implications for Consumers and Managers. Journal of Marketing: March 2011, Vol. 75, No. 2, pp. 109-123.*

　　　　　　　　　　　Chapter.3 社交騙局

訊息：他根本不知道自己已經被騙。此時，食髓知味的詐騙集團就會更進一步的放線拉魚。例如，小姐可能就會要求客人再付一些開房押金，或者說自己之前被惡客打傷過，所以要請客人先付保險金等等藉口，直到把客人榨乾為止。

唉，大家常常會說男性很容易「精蟲衝腦」，難道性慾來臨時，男性真的會做出許多不理性的事嗎？事實上，還真的是如此。行為經濟學家艾瑞里（Dan Ariely）和羅文斯坦（George F. Lowwenstein）就曾經作過一項有趣的研究，他們把受試者分成「性慾高漲組」和「對照組」。性慾高漲組男性受試者被要求在電腦前自慰，同時必須在自慰時回答許多問題。對照組的受試者只需要單純的回答問題。結果發現，男性在性慾高漲時，果然會出現許多奇怪的想法。例如，對照組只有 42% 的人對女鞋有性幻想，但是性慾高漲組卻有 65% 的人對女鞋有性幻想。對照組想嘗試三人行的比例只有 19%，但是性慾高漲組卻高達 34%[58]。

各位男性讀者，下次性慾高漲時，記得要先冷靜一下。要

[58] *Dan Ariely and George Loewenstein (2006), "The Heat of the Moment: The Effect of Sexual Arousal on Sexual Decision Making". Journal of Behavioral Decision Making. 19, 87-98.*

作任何重大決定之前，先去洗個冷水澡再說吧！

後記：騙子吐真言？

在這次的詐騙集團實際調查中，我和一位詐騙份子變成了「朋友」。我向他表明我只是在做研究，希望他把詐騙的經驗和訊息與我分享。這位騙子也很慷慨的分享了一些資訊給我。透過電話訪問後發現，這位在微信上的正妹「小甄」，果不其然，是位男性。小甄從事詐騙三年，騙人無數。他來自大陸，曾經在台灣詐騙過兩個月。上個月才來到新加坡。

小甄說，大陸男人狡猾難騙，因為他們對人普遍沒有信任，一聽到要先付錢，就是撂下髒話一句，然後揚長而去。台灣人相對好騙，但是，好騙的原因不一定是因為笨，而可能是因為兩個理由。第一，台灣男人比較熱血，常常被女方一挑逗，立刻熱血澎湃，所以就急著要去付錢見面。第二，台灣男人比較有禮貌、比較尊重女性，因此當女性要求先去付錢時，台灣男人大部份都會願意。但是，付完錢女方沒出現時，立刻就會覺悟。至於新加坡的男人，則是較為冷靜，必須要花一些時間才能說服新加坡的男人出來

付錢見面。此外，新加坡的男人也特別憨直有禮。但是，憨直這項特質，也讓他們因此容易變成人魚。

小甄在新加坡的第一個月，賺了 5000 新幣，約台幣 12 萬。扣掉房租伙食，淨利約 10 萬台幣。他説，這大概就是一般的行情。但是，作息日夜顛倒，讓他在生理上非常難受。而且，客人被騙後，常常會對他進行挑釁、騷擾以及言語暴力。還有不少刻意想要捉弄詐騙份子的微信用戶也會一直找他麻煩，因此，他在心理上也不好過。他説，現在在新加坡微信上的詐騙份子幾乎全部來自大陸，人數至少就超過兩百人，因此，詐騙行業競爭激烈，生意也已經達到飽和。還有機會被這一招騙成功的人，已經不多了。

以上這些，就是詐騙專家小甄給我的資訊。最後我問他，這些資訊到底是真是假，你真的是騙子嗎？他説：「我若是騙子，當然會跟你説我不是騙子，我若不是騙子，也會跟你説我不是騙子。」

最後這句，似乎是個真理沒錯。各位讀者，你相信他的話嗎？

Part.3

掌握社交秘技，
讓你變成萬人迷！

臉書上要放什麼樣的大頭照，才能增加吸引力？要用怎樣的聲音說話，才會更迷人？適時適當的肢體接觸，可以增加別人對自己的好感？紅色又有什麼誘人的魅力？一起來看看腦科學和行為心理學所發現的社交祕技，這些祕技除了可以用在自己身上以增加魅力，也可以用來幫助你識破他人的類似技倆喔！

我念高中、還有剛進大學時，都不太喜歡念教科書，平常最喜歡做的三件事，就是念課外哲學書、彈吉他玩樂團，還有跟朋友去麥當勞或是東區的泡沫紅茶店「認識」女生。為什麼去麥當勞和泡沫紅茶店，而不是去夜店？因為窮啊！每次去夜店，光是入場就要四、五百塊（現在應該更貴了），一個月去個兩次就破產了，更嘔的是，還常常無功而返（無功而返指的是沒認識半個女生，當年還不流行撿屍，而且我膽子也沒那麼大！）。因此，我和一些窮得只剩下一張嘴的同學們，沒事都喜歡待在麥當勞跟泡沫紅茶店中伺機認識臨桌的女生，有時候，只點一杯飲料也可以待上一整天。

所謂的「認識」女生，其實就是搭訕啦！想當年，純樸的我們搭訕女生時真的是毫無技巧可言，就跟大陸的政治經濟發展一樣，都是摸著石子過河。如果當年我們這一群「天真」的蠢蛋能早點接觸到認知科學和心理學，就可以提早知道以下這些實用的發現，搭訕的成功率一定也會大幅提升！

為了讓讀者們可以不要再重蹈我們這些蠢蛋的覆轍，現在，就馬上跟大家分享一下這些認知心理學的有趣社交秘技！（男女都適用喔！）

混在人群中可以變帥？

2004 年，臉書正式成立，人類進入了社群網站蓬勃發展的時代。在那之前，也就是網路剛剛興起的時候，所有人都是用虛擬身分上網，大家都深怕自己的身分暴露後會招來不必要的困擾。例如在鄉民的聚集地「批踢踢」上面，大家又是匿名、又是暱稱，有些人，連性別都故意填反，至於要把照片公開，那肯定是天方夜譚。但是，隨著臉書的興起，整個網路上的匿名氛圍出現大逆轉。現在，許多人都樂於在網上公佈自己的私生活，一方面，可以享受發文獲得關注時的成就感以及存在感，另一方面，則可以公然追蹤他人隱私以滿足天生的偷窺慾。

有使用臉書的朋友都知道，這些社群網站上註冊後的第一件事，就是得上傳一張大頭照。首先，先問問大家一個問題：你放在網路上的大頭照片，是個人獨照？還是包括自己在內的群體照？你知道以上兩種照片，哪一種會讓你看起來比較迷人嗎？

答案揭曉，是群體照！

就在去年，美國加州大學聖地牙哥分校心理系的伏爾教授（Ed Vul）發表了一項研究，發現混在人群中，可以讓自己變得更迷人。伏爾是我在麻省理工學院做研究時的一位好友，當時我們都在坎維希爾教授（Nancy Kanwisher）的實驗室中，我是博士後研究員，他則是研究生。我們倆是好朋友，常常一起喝啤酒閒聊。我們實驗室的人時常笑他是「邪惡博士」，因為他的英文名字縮寫是「E.Vul」，念起來就跟英文中的「邪惡」（Evil）同音。伏爾是一位相當聰明的傢伙，在他博士還沒畢業前，就已經發表了數十篇論文，也因為他優異的學術表現，一畢業就拿到加州大學聖地牙哥分校心理系的教職。

在他最近的這篇論文中，他與學生一起研究了一個有趣的現象：「啦啦隊效應」（cheerleader effect）。

「啦啦隊效應」這個詞最早出現的地方，可能是在美國熱門影集《追愛總動員》（How I Met your Mother）中。在其中某一集裡，男主角巴尼曾經提出了所謂的「啦啦隊效應」，就是啦啦隊員們一群人站在一起，乍看之下每個都很美，但是一個一個拉出來個別欣賞時，卻都是普普而已。

不過，這個效應究竟是否真實存在呢？在這篇論文中，我這位「邪惡博士」好友就透過心理學實驗，證實了啦啦隊效應的確存在！他請受試者對許多大頭照進行吸引力評分，這些大頭照，有時是單獨呈現，有時是放在群體照中呈現，結果發現，在群體中的大頭照，果然比單獨呈現的大頭照獲得了更高的評分[59]。

但是為什麼會有「啦啦隊效應」呢？根據先前的發現，當眼前出現許多物體時，視覺系統可以

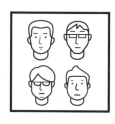

自動計算出這些資訊的平均值，例如物體的平均大小以及線條的平均傾斜度等等。因此，「邪惡博士」認為，當看到好幾張臉時，視覺系統可能也會計算出「平均的臉型」，並且把群體中每個人的臉都往這個「平均臉型」拉攏。也就是說，群體中每一張個別的臉，看起來都會有一點像是

---

[59] Walker D, Vul E. (2014). Hierarchical encoding makes individuals in a group seem more attractive. Psychol Sci. 25(1):230-5. doi: 10.1177/0956797613497969. Epub 2013 Oct 25.

Chapter.3 社交騙局

該群體的「平均臉型」。而我們又已經知道,「平均臉型」是很受歡迎的(當我們把一堆人臉平均起來合成的一張新的相片時,看起來的確很好看)。或許,這就是一個人在群體中會看起來比較好看的原因。

總而言之,大家如果想要看起來更帥、更美、更迷人,就趕快把大頭照換成群體照吧!還有,去參加各種聯誼活動時,記得找幾個朋友當綠葉喔!

低頻男聲無往不利

宅男腐女們在社群網站上透過群體照展現出較高的吸引力後,總不能一直隱身網路不露面,醜媳婦總得見公婆,而醜女婿也得要見岳親啊!遇上心儀的男、女生,就算先不見面,也該打電話聯絡一下吧。這時候,就是可以利用聲音讓對方留下好印象的機會了!

究竟要怎樣利用聲音呢?答案就是壓低聲音說話!(這招可能只有男生可以使用!)

美國賓州州立大學的人類學家布茲(David Puts)發現,當

兩位男性在約會實驗中相互競爭時，自認為具有優勢的人，常常會不自覺的壓低說話的聲音[60]。

但是，幹嘛壓低聲音？難道女性會覺得低聲頻的男性比較吸引人嗎？

沒錯！女性不但喜歡低頻男聲，而且在女性賀爾蒙的影響下，更是會不自覺的喜愛低頻男聲。研究顯示，排卵期的女性，常常會不知不覺的認為低頻男聲特別迷人[61]。而且，一個巴掌拍不響，男性也會不自覺的認為，女性在排卵期的聲音比較性感[62]。

那麼，為什麼低頻男聲會受女性歡迎呢？

——

[60] Puts, DA. (2005). Mating context and menstrual phase affect female preferences for male voice pitch. Evolution and Human Behavior 26, 388-397

[61] Bruckert, L. et al., (2006). Women use voice parameters to assess men's characteristics. Proceedings of the Royal Society B: Biological Sciences, 273, 83-89.

[62] Pipitone RN., Gallup GG. (2008). Women's voice attractiveness varies across the menstrual cycle. Evolution & Human Behavior. 29(4), 268-274

原來，低聲頻的男性通常有較多男性賀爾蒙。事實上，青少年在青春期變聲時的「鴨公聲」，一部分的原因就是體內男性賀爾蒙增加、導致聲帶改變。當然，另外的可能原因，就是青少年會下意識的想要透過低聲頻來吸引異性，並因此主動但不自覺的壓低聲音說話。畢竟很多時候，連成年人都會不知不覺的受到賀爾蒙的影響，更何況是青少年。

寫到這邊，就得實際問問女性讀者們，妳們真的愛低頻男聲嗎？苦命男士們的人魚線都已經練不出來了，難不成還要加練重低音？

無奈的是，聲帶畢竟是天生的，壓低聲音也有個極限。有些男生天生聲音又尖又高，再怎麼壓低聲音，也是於事無補。還好，聲音只是社交秘技中的其中一招。如果各位男性讀者真的無法壓低聲音，那就來試試以下其他方法吧！

觸覺悄悄讓人產生好感？

壓低聲音開口說話取得好感後，又該如何更進一步呢？接下來就幫大家介紹適用於西方社會的一些隱藏社交技巧。

至於適不適合東方人，就請大家自行斟酌囉！

這個社交祕技，就是適時適當的「觸摸」對方！

大家知道人體最大的感覺器官是什麼嗎？答案是皮膚！而皮膚所傳達的觸覺，更是非常原始且重要的一種感官知覺，尤其是在傳達情緒時，觸覺更是特別有效。早期的研究，都以為情緒傳達的主要方法是透過表情、聲音和語言，而忽略了觸覺。直到最近，一些有趣的實驗才發現，其實光靠觸覺，就可以傳達和分辨各種不同的情緒。

例如，美國加州大學柏克萊分校的心理系教授凱特奈（Dacher Keltner），就曾在一系列的實驗中，要求受試者只能用觸摸的方式，來把情緒傳達給另一位矇著眼睛的受試者。結果發現，包括了生氣、恐懼、哀傷、噁心、戀愛、感激和同情等各種情緒，都能成功的透過觸覺來傳達和解讀[63]。

由此可知，如果想要對方感受到你的情緒，的確是可以透

---

[63] Hertenstein MJ et al. (2006). Touch communicates distinct emotions. 6(3):528-33.

　　　　　　　　　　　　　　Chapter.3 社交騙局

過觸摸來傳達。而且，如果可以神不知鬼不覺的觸摸對方，那就可以把正面的情感訊息傳達過去。但是要注意喔，這裡的「神不知鬼不覺」，不是變態式的偷摸，而是適時、適所的友善觸碰。

在許多以西方人為主的社會行為學研究都發現，適當的肢體接觸（例如友善的觸碰對方的前臂），確實可以增加對方對自己的好感。例如，這個技巧可以增加路人願意填問卷的比率、提升舞會中邀舞的成功率，並讓搭訕者更容易要到電話。還有，在餐廳中，服務生採用同樣的技巧也可以讓小費增加 3%，而顧客飯後加點甜點的比率也會增加 20%[64]。

不過，在使用這招之前，大家得先斟酌一下國情與文化的不同喔！人本主義心理學家朱拉德（Sidney Jourad）就曾經做過一項非常知名的觀察研究，他在世界各國觀察不同文化的人種在交談時互相觸碰對方的頻率，結果發現，英國和美國人平均每小時只觸碰 1 到 2 次，法國人則有 110 次，

---

[64] Leonard Mlodinow (2012). *Subliminal: How Your Unconscious Mind Rules Your Behavior* (Pantheon)

波多黎各人最熱情，平均每小時觸碰高達 180 次[65]！至於比較保守的亞州人，恐怕次數就更少了。在一個大家不常相互觸碰的環境中，隨意觸碰對方，可能會招致反效果喔！

還有，在台灣這個男人只是駝獸、沒有高富帥就不是人的地方，大家更是要小心使用觸碰這一招。女生摸男生一把，肯定會有效，但男生摸女生一把的話，你最好先確定自己跟金城武一樣帥！

紅色的致命吸引力

最後一個小技巧，就是運用熱情的紅色，來讓自己更吸引人！這個技巧，特別適用於女性朋友。各位女士們如果想要成為萬人迷，先別急著去韓國的狎鷗亭做整型美容。試試看紅色的衣著，或許就會有意想不到的效果！

我知道大家已經迫不及待想試試了，但是在那之前，我們先來瞭解一下人類的視覺如何感知紅色。

---

[65] Jourard, S. M. (1968). *Disclosing man to himself.* Princeton, NJ: Van Nostrand.

在生物的視網膜上，負責感光的細胞主要分為兩大類：桿狀細胞（rod）與錐狀細胞（cone），前者主要負責夜間視覺，而後者主要負責日間的色彩視覺。大多數的脊椎動物，至少都有兩種以上的錐狀細胞，一些鳥類、烏龜和魚等則有多達四到五種的錐狀細胞，分別可以感應各種不同波長的光波。目前已知具有最多種錐狀細胞的生物，應該是螳螂蝦（mantis shrimp），這種蝦子至少擁有十種以上的錐狀細胞。

至於哺乳動物，則多半只有兩種錐狀細胞，一種可以感應中長波（綠光），一種可以感應短波（藍光）。哺乳動物中，唯一具有三種錐狀細胞的應該就只有舊世紀猴（Old World Monkey）和人類了，在這兩類生物身上，多了一種感應長波（紅光）的錐狀細胞。

那麼為什麼大多數哺乳動物的錐狀細胞種類，竟然會越演化越少呢？照理說，錐狀細胞種類越多，視覺上辨識色彩的能力應該會越好，怎麼演化到了哺乳類，卻變得只剩下兩種？有一種假說認為，哺乳動物的祖先在中生代時期（Mesozoic era）為了躲避恐龍，因此多半為夜行性，而由於錐狀細胞在夜間無法發揮作用，久而久之就退化了，最後

僅保留了兩種錐狀細胞。

然而，人類和舊世紀猴到了演化後期又重新演化出第三種可以感應長波（紅光）的錐狀細胞，這又是怎麼回事呢？關於這個問題，我們必須先仔細探究一下紅色這個有趣顏色的生物意涵！

紅色，是一個在演化與生物現象中相當重要的一個顏色。早期的理論認為，如果靈長類擁有可以感應長波（紅光）的錐狀細胞，就比較容易偵測到成熟的紅色果實，因此具有演化上的優勢。但新的理論認為，其實這些可以感應紅光的錐狀細胞，也可以幫助靈長類動物從同伴的「臉色」中找出一些重要的訊號[66]。

舉例來說，當身體健康、以及體內男性賀爾蒙（睪固酮）濃度較高時，臉部就會透出紅潤的氣色。此外，一些靈長類在生氣時，臉也會變紅。這些特徵，都透露著與生存和繁衍息息相關的重要資訊，例如，身體健康表示是適當的

---

[66] Mark A Changizi et al. (2006). Bare skin, blood and the evolution of primate colour vision. Biol Lett. Jun 22, 2006; 2(2): 217–221.

Chapter.3 社交騙局

交配對象、睪固酮濃度代表社會地位、是否生氣則會影響生物在競爭階級地位時的打鬥情勢判斷。

正由於紅色常常傳遞出重要的生物訊息，具有可以感應長波（紅光）錐狀細胞的靈長類便再度於演化中脫穎而出。而這樣的演化結果，也導致我們每次看到紅色時，就會不知不覺的產生一些心理和行為反應。

或許正是因為紅色容易引起特別的生理反應，現代生活中常常刻意使用紅色來傳達危險以及警示訊息（例如紅燈跟許多警示標誌），這種後天的連結學習又更加強化了人們對紅色的注意和反應。而人們對紅色的注意和反應，也不時的在運動和競技場上出現一些有趣的效應，例如，不少研究和統計都發現，穿著紅色的隊伍或選手，似乎都有較高的勝率[67]。

說了這麼多，到底該如何使用紅色來讓自己更迷人呢？

———

[67] Diana Widermann, Robert A. Barton, and Russel A. Hill. Evolutionary perspectives on sport and competition. In Roberts, S. C. (2011). Roberts, S. Craig, ed. Applied Evolutionary Psychology. Oxford University Press.

答案很簡單，女生只要身穿紅色，就比較有機會吸引男生。研究發現，男性覺得穿著紅色的女性比穿著其他顏色的女性更具吸引力，而且通常並不知道自己受到顏色影響[68]。有趣的是，女性有時候會下意識的運用這項技巧，例如，女性在排卵期時，就特別喜歡紅色和粉紅色的衣著，而且自己通常也不會察覺到這個現象[69]。下次要出門約會時，大家不妨試一試喔！

文章最後，考考大家一個有趣的小問題：女性排卵期愛穿紅色的現象在冬天特別明顯，但在夏天卻不明顯[70]，這是為什麼呢？原因非常簡單。各位猜猜看吧！

我想大家應該都猜到了。答案就是，女生們在夏天可以放大絕：「露」！穿著清涼、露出肌膚，使用這項最原始的武器後，就算不穿紅色，也可以所向披靡！

[68] Elliot AJ, Niesta D. (2008). Romantic red: Red enhances men's attraction to women. Journal of Personality and Social Psychology, 95, 1150–1164.

[69] Beall AT, Tracy JL. (2013). Women are more likely to wear red or pink at peak fertility. Psychol Sci. 24(9):1837-41.

[70] Tracy JL, Beall AT. (2014). The Impact of Weather on Women's Tendency to Wear Red or Pink when at High Risk for Conception. PLoS One.9(2): e88852.

Part.4

草食男對肉食女的迷戀

你喜歡臉部特質比較陽剛，還是比較花美型的異性？為什麼日本歌舞伎町的紅牌男公關都不是陽剛型，而是花美型？你以為人們對異性臉孔的美醜判準，完全只是出於個人的自由心證？你知道一個地區衛生環境的好壞，竟然會偷偷的影響該地方居民對異性的臉部特徵喜好判準嗎？另外，男性的陽剛臉部特質，竟然是為了抵擋拳頭而演化出來的？究竟這是怎麼一回事呢？

幾年前我到日本自由行，住在新宿歌舞伎町附近的飯店。每天出門和回飯店時，都會看到各家酒店男公關與紅牌小姐的排行榜廣告。紅牌小姐就不多說了，受歡迎的小姐外貌大家應該都可想而知。比較有趣的是紅牌男公關，放眼望去，全都是花美男的外型，而比較少見到陽剛型男。

這個現象不免讓我有些納悶。印象中，一、二十年前受歡迎的男性形象，應該是陽剛型的男士，不是嗎？怎麼現在的紅牌男公關，還有當紅的偶像男藝人，都變成是花美男呢？是因為日本的文化比較特殊，才發展出對花美男的喜好？還是另有原因呢？

此現象困擾了我好一陣子，直到最近一些相關研究公佈後，才終於解開了這個疑問。研究發現，在衛生環境差的國家中，例如尼泊爾，男人比較喜歡悍婦（臉部特質比較陽剛的女性），而女人也比較喜歡猛男（臉部特質比較陽剛的男性）。相對的，在衛生環境好的國家中，例如日本，男人則比較喜歡臉部特質較為陰柔的女性，而女性則喜歡花美男。

原來，日本女性喜歡花美男，是偷偷受到了環境衛生的影響？

環境影響人類對臉部特質的喜好

2010 年《皇家學會報告》上的一項研究中，科學家要求來自 29 個國家的 1972 位異性戀男性，去評選電腦處理過的兩張高加索女性臉孔（其中一張比較女性化），結果發現，國家的衛生指數（National Health Index）和受試者對女性化臉孔喜好程度有正相關（可以解釋其中 50.4% 的變異度）[71]。

也就是說，衛生環境好時，男人比較喜歡臉部線條柔和的女性，衛生環境不好時，男人則比較喜歡臉部陽剛的女性。

女人看男人的臉，也是一樣。2014 年，《生物學報》上的一項研究中，分析了 30 個國家中 4794 位白種女性對白種男性臉孔的喜好程度。結果也十分類似。他們發現，衛生環境好時，女人比較喜歡花美臉型的男性，衛生環境不好時，則比較喜歡臉部比較「man」的男性[72]。

然而，為什麼環境衛生的好壞，會影響人類對臉部特質的

---

[71] DeBruine LM et al. (2010). The health of a nation predicts their mate preferences: cross-cultural variation in women's preferences for masculinized male faces. Proc. R. Soc. B 277, 2405-2410.

[72] Marcinkowska UM et al. (2014). Cross-cultural variation in men's preference for sexual dimorphism in women's faces. Biol Lett. 10(4):20130850. Print 2014.

喜好呢？

科學家認為，臉孔會反映出生理或行為特質，例如，較男性化的臉孔（男女皆然）可能代表較強悍的個性和行為，而這種特質或許可以幫助伴侶在衛生不良的環境中生存。因此，當環境衛生不好時，人類就會自動選擇臉型較陽剛的異性，來幫助自己生存下去。

陽剛男的臉型，是為了抵擋拳頭？

男性化的臉孔，的確代表了擁有較強悍的個性和行為。過去的行為研究顯示，人們確實可以從男性的臉型，判斷出一個人的力量和打架能力。

但是，陽剛的臉孔是怎麼演化出來的呢？是因為其他身體部位變壯了，所以臉型也跟著改變嗎？還是說陽剛的臉型比較有威嚇力，會讓人看了不寒而慄，所以在演化上具有優勢？

科學家最近提出了一個「衝擊保護假説」，認為男人的臉部陽剛特徵，其實是演化出來抵擋拳頭的[73]！

───

[73] Carrier DR, Morgan MH. (2014). *Protective buttressing of the hominin face. Biol Rev Camb Philos Soc. 2014 Jun 9. doi: 10.1111/brv.12112. [Epub ahead of print]*

如果各位有看過雄性大猩猩或雄性紅毛
猩猩的臉，你一定會覺得，那臉上的肉和
骨頭似乎非常「耐打」啊！科學家們發
現了不少的證據，都支持以下這個假設：
男性的臉部特徵其實是演化出來擋拳頭
用的。以下略舉四項證據：

一、 臉是主要被打的部位之一。

在丹麥的一項統計研究中，分析了 1993 年 8 月到 1994 年 7
月間 1156 個人在肢體衝突中受傷的部位，結果顯示，有
68% 的傷害是在臉部，8.5% 是在手背，身體其他部位受傷
的機率都小於 4%。換言之，臉是最容易被打的地方。而打
人用的手背（因為握拳打人），受傷機率也很高[74]。

二、 現代人最容易在打架中被打碎的臉部骨頭，就是南方
古猿演化時強化最多的臉骨。

—

[74] Brink, O., Vesterby, A. & Jensen, J. (1998). Patterns of injuries due to interpersonal violence. Injury 29, 705-709.

Chapter.3 社交騙局

我們無法獲得遠古人類演化時期的打架受傷統計資訊，但是可以合理假設，遠古人類打架時，也是臉部容易受傷。若是如此，那麼臉部生得比較耐打的人，就會有演化上的優勢。尤其是被打臉時最容易碎裂的顴骨和下顎骨，這兩處的骨頭若是能生得又大又硬，那就更具有演化優勢了。剛好，南方古猿的頭骨正是這幾處特別強化，因此支持了上述的理論。

三、這些強化的臉部骨頭，也是男女臉骨差異最大的部位。

一般來說，打架都是男人在打。因此，女性的臉骨比較不會因為演化壓力而產生變化。的確，強化的臉骨只在男性身上才比較明顯。

四、臉骨強化的演化時間點，剛好和演化出用手當拳頭打人的時間點相近。而且過去兩百年來，人類臉骨不再越來越強化，恰好也和人體肌力（打人力道）下降的時間點相近。

這些時間上的相近處，都顯示出揮拳打臉這個現象的出現，正是臉骨強化的演化壓力來源。

另外，這個「衝擊保護假說」，也可以解釋過去兩個一直令人困惑的現象。

第一個令人困惑的現象，就是男女差異極大的下顎肌和頸肌。過去的理論認為，男性強化的下顎肌和頸肌，可能是用來幫助咬人或進食的，但是人類基本上不用咬人來攻擊，男女也沒有很大的進食行為差異，因此過去的理論並不能成功解釋下顎肌和頸肌為何會演化出男女差別。相較之下，新的「衝擊保護假說」，則可以成功解釋男女差異極大的強化下顎肌和頸肌：男性強化的下顎肌和頸肌是用來吸收拳擊力量的。

第二，這個「衝擊保護假說」，也可以解釋為什麼現代人可以從男性的臉型判斷出一個人的力量和打架能力。畢竟，想要判斷自己打不打得贏對方，除了看對方體型之外（攸關對方的攻擊力），也要看一下對方的臉耐不耐打（攸關對方的防守力），如果對方體型大、臉又耐打，那自己最好還是摸摸鼻子退下吧。既然人類已經學會從臉型判斷對方的戰鬥力，那臉型必然在打架中扮演關鍵的角色。

弱男愛悍妻，賀爾蒙做梗

「弱男愛悍妻」的這個現象，可能和睪固酮濃度也有關係。

睪固酮是一種雄性賀爾蒙，由男性的睪丸和女性卵巢分泌。它可以誘發男性的第二性徵、維持男性特徵，並強化骨骼和肌肉。簡而言之，就是讓男人變得更「man」。

但是，睪固酮也會帶來一些負面影響，例如，高濃度睪固酮可能會讓免疫力下降。根據烏干達雄猩猩的糞便分析結果，地位越高的雄猩猩，睪固酮的濃度也越高，但是腸道寄生蟲的數量也越多[75]。此外，史丹佛大學的研究也發現，睪固酮濃度較高的男性在接種流感疫苗後，體內的抗體反應比較弱[76]。還有，南韓朝鮮王朝時期 81 名太監的平均壽命高達 70 多歲，遠遠超越當時朝鮮帝王 47 歲的平均壽命，也比當時一般男人多活了 14 到 19 年，也暗示了高睪固酮

[75] Muehlenbein MP, Watts DP. (2010). The costs of dominance: testosterone, cortisol and intestinal parasites in wild male chimpanzees. Biopsychosoc Med. 4:21.

[76] Furman D. et al. (2014). Systems analysis of sex differences reveals an immunosuppressive role for testosterone in the response to influenza vaccination. PNAS. 111(2):869-74.

可能有礙健康[77]。

現在我們知道，睪固酮會讓免疫力下降，但這為什麼會影響人們對異性的喜好判準呢？原來，當環境衛生比較差時，男性體內的睪固酮濃度就會變得比較低，以免高濃度的睪固酮干擾了免疫系統的正常運作。而當男性體內的睪固酮濃度較低時，就會偏好比較陽剛型的女性，來補足自己的缺陷並增加生存力[78]。

原來，弱男愛悍妻，不是因為有被虐狂，而是因為環境不好需要悍妻的幫忙。還有，男人別因為自己的陽剛臉型而得意，這張陽剛的「耐打臉」，可是幾輩子以來一直被打臉的慘痛結果啊！

---

[77] Min KJ. et al. (2012). The lifespan of Korean eunuchs. Curr Biol. 22(18):R792-3.

[78] Welling LLM et al. (2008). Men report stronger attraction to femininity in women's faces when their testosterone levels are high. Horm. Behav. 54, 703-708.

Chapter.3 社交騙局

Part.5

美是演化後的產物

你知道男性的智商，其實某種程度決定在女性手上嗎？男女的社交過程，怎麼會決定男性的智商呢？讓我們一起來看看演化的強大力量。

究竟什麼是「美」？對大多數男性來說，電眼紅唇的女性很可愛、很美。對大多數的男女性來說，大頭嘟嘴的寶寶也很可愛、很美。這些讓人感到「美」或「可愛」的現象，是不是有心理學或演化上的解釋呢？「美」的定義到底是什麼？

大家最常聽到的兩個「美」的定義，應該就是「數大便是美」，還有「對稱便是美」。但是，一個簡單的例子，就可以輕鬆打臉這兩個原則。大家只要上網搜尋一下林志玲的側臉照片，就可以發現，美女的側臉臉型既不對稱、也不包含大數，但是一樣讓人覺得很美。

由此可知，「數大」與「對稱」雖然可能是美的充要條件，但都不是「美」的必要條件。那究竟什麼是美呢？我的看法比較接近演化心理學中的美學理論：「追求之後可以提升生存或繁衍機率的事物，就是美。」

別被美女特質制約

在演化早期，某些人可能會「隨機」覺得某些事物很「美」、而且對這些事物有慾望並會進行追求。追求成功後，這些

到手的事物如果能夠提升他們的生存或繁衍機率，那這些覺得某事物很美且有慾望的人，就會在演化的競爭中脫穎而出。那些事物，也就變成他們認為「美」的事物。而我們，就是這些人的後代。

反過來說，如果某些人「隨機」覺得某些事物很「美」，但是追求成功後，這些到手的事物卻無法提升他們的生存和繁衍機率，那這些覺得某事物很美的人就會在演化的競爭中被淘汰。那些事物也就無法變成我們認為「美」的事物。放眼所見，任何我們覺得不美的事物，其實就是那些追求後無法提升我們的生存或繁衍機率的事物。

換言之，由於男生追求女性後可以提升繁衍機率，因此，如果某些男性在看到女性時會產生特別的美感，那麼這些男性對女性的追求慾望就會更強烈，他們的生存或繁衍機率就可能提升。結果就是，這些男性在演化中存活下來了，同時，他們覺得女性很美的美感也存活下來了。

同樣的，保護寶寶順利成長，可以提升整個族群的生存或繁衍機率，因此，如果某個族群中的人看到寶寶時會產生特別的可愛感或愛心，那麼這個族群中的人就會有更強烈

的慾望去照顧寶寶，他們整個族群的生存或繁衍機率就可能提升。結果一樣，這個族群存活了，而且他們看到寶寶時會出現的可愛感和愛心也存活了。這個理論並不只侷限於解釋「人」的美，包括「風景」、甚至康德認為的「壯麗」、「崇高」等美麗性質，似乎也可被這個演化心理學的理論所解釋。比方說，某些人對「壯麗」事物（例如：山川、江山、廣闊的土地）的喜好和追求，的確會為他們帶來演化上的優勢。同樣的，某些人追求「崇高」（品德、操守），也會為他們帶來演化上的優勢。收集藝術品亦然。

現在，大家知道「美」的可能本質了吧。下次在商店看到一堆眼睛大大、臉蛋圓圓、身體胖胖的可愛大頭娃娃，或者看到女生戴上瞳孔放大片（騙），先冷靜一下，想一想這篇文章，以免自己又被萌住而出現了內心失魂或是荷包失血的慘劇喔！

求偶偷懶，禍延子孫？

演化的威力，其實非常強大，除了可能會影響人類的美感，也決定了許多生物特徵和能力。透過天擇和性擇，生物的行為、外表甚至到認知能力，其實都逃不開演化的宿命。

就連人類引以為傲的智力，也都深受演化的影響。

那「性擇」是什麼呢？大家都聽過「物競天擇、適者生存」。意思就是說，生物的不同遺傳特徵會因為對環境的適應力不同而導致生存能力差異，在大自然（環境）的篩選之下，唯有適合生存的特徵才會被保存下來。而性擇，則是不透過大自然，直接由兩性之間透過社交擇偶來互相篩選。例如，很多人認為雄孔雀的美麗尾羽，就是雌孔雀對雄孔雀進行性擇後的產物。

一般來說，大家都以為性擇大概只能刪選兩性的外觀，不過，最近就有一項關於性擇的有趣研究發現：當公果蠅不努力求偶時，子孫竟然變得越來越笨！這是怎麼一回事呢？難道智力也可以是性擇的對象？

這是最近剛剛出爐在《皇家學會報告：生物科學》的一項研究[79]。為了探討求偶的競爭過程會不會影響男性的心智能力，瑞士洛桑大學的科學家霍利斯（Brian Hollis）和卡維基（Tadeusz Kawecki）強制配對果蠅，讓牠們一夫一妻。

---

[79] Brian Hollis and Tadeusz J. Kawecki. (2014). *Male cognitive performance declines in the absence of sexual selection. Proc. R. Soc. B. vol. 281 no. 1781*

由於是天賜姻緣（其實是「人」賜婚緣），公果蠅完全不用費力求偶就可以傳宗接代，但是，塞翁得馬，焉知非禍。這麼輕鬆幸福的狀態，會不會樂極生悲呢？

果然，不幸的事真的發生了！繁衍 100 代後出現的果蠅後代們，竟然整個腦殘了！這些沒有經歷求偶競爭的果蠅後代，變得比正常繁衍的果蠅後代要笨很多。例如，公果蠅的求偶能力變差，分不清環境中哪隻母果蠅在受孕期。此外，牠們的學習能力也下降。而且重點是，只有公果蠅變笨，母果蠅無差！（題外話，這項研究還真是又苦又長啊，實驗中果蠅每一代花 2 天交配、3 天產卵、再加 10 天孵化，這樣 100 代大概要四年多吧。以科學之名，苦命研究生和博士後研究員的青春時光就這樣在果蠅的性行為之中消逝……）

那要如何看出公果蠅的求偶能力變差呢？簡單！研究人員讓這兩種公果蠅的後代（100 代後的孫子們）參加「求偶大賽」，看看哪一種公果蠅比較能夠獲得正常母果蠅的青睞。所謂的「求偶大賽」，就是兩種公果蠅各派出五隻，然後分別和另外五隻正常公果蠅與五隻正常母果蠅關在一起，最後看看哪一種公果蠅能產下較多的後代。

結果發現，沒有經歷求偶競爭的公果蠅 100 代孫子，被有經歷過求偶競爭的公果蠅 100 代孫子完敗（成功當爸爸的機率差了 30%）。

為什麼沒有經歷求偶競爭的公果蠅 100 代孫子，會被完敗呢？難不成，是因為母果蠅有血輪眼，可以一眼看出他們是「魯蛇」（loser），而不想與之交配？結果發現，事實並非如此，因為如果把單獨一隻母果蠅跟這種沒有經歷求偶競爭的公果蠅 100 代孫子關在一起，牠們的交配行為一切正常，母果蠅似乎不會排斥他們。

那麼究竟是怎麼一回事呢？原來，這是因為這種沒有經歷求偶競爭的公果蠅孫子變笨了，笨到無法判斷出哪一隻母果蠅是處女蠅！研究人員發現，當這種笨公果蠅的 100 代孫子和一隻處女蠅以及五隻非處女蠅關在一起 20 分鐘後，找到處女蠅交配的成功率，比有經歷求偶競爭的公果蠅 100 代孫子低了 26%，而且，成功找到處女蠅交配所花的時間（取中位數），則慢了 19 分鐘！

此外，這種沒有經歷求偶競爭的公果蠅 100 代孫子的學習能力也下降（氣味 – 電擊關聯學習表現差），因此，說他

們變笨，真的一點都不為過！

由此可知，如果一個社群中的男性不用努力求偶就能找到老婆，子孫可能會越來越笨喔！從演化上來看，這項研究說明了求偶競爭對雄性心智能力的重要影響。在求偶過程中，如果不夠聰明，無法判斷女性的受孕狀況，可能就會徒勞無功，被完敗打趴，淪為魯蛇慘遭淘汰。最後，只有聰明的求偶者得以成功繁衍後代。

套在人類身上，大概就是笨男無法判斷一個女生是否有男友、是否有老公，死會了還要硬追？這樣的結果就是徒勞無功、白忙一場。最後變成光棍終老一生、無法繁衍後代。男女之間的求偶社交，還真的是爾虞我詐啊！

這個現象也讓我想起了中國古代的帝王與後宮佳麗，或許，中國古代皇帝的子孫們老是一代不如一代，也是因為無須求偶競爭所致？

當然了，這只是玩笑話，果蠅的生物模型結果能不能套用在人類身上，仍然有很大的爭議。不過，這項演化實驗，的確顯示出性擇對雄性生物心智能力的影響。大家可以仔細思索其中的意涵。

Chapter

4

知識騙局

在我們的生活中，除了消費騙局、職場騙局、以及社交騙局，最令人難以忍受的，其實就是知識騙局。有許多以訛傳訛的說法，根本沒有證據，但是大家仍然信以為真。這種莫名其妙的「騙局」，有時只是無傷大雅的假知識，但是有時卻會造成迷信般的偏見。現在，我們就來一起破除一些和腦科學有關的知識騙局。

Part.1

吃糖變笨？

你應該有聽人說過：「小朋友吃糖沒關係，只要勤刷牙就好了。」這個說法真的正確嗎？小朋友可不可以吃糖？糖吃太多會怎樣？大人也會受到影響嗎？你是否知道，吃高糖份的飲食不只會讓人變胖、健康惡化，還會讓人變笨？根據董氏基金會 2013 年公佈的一項調查，台灣有將近四成的國小學童，每天至少都會喝一次飲料，而最常喝的含糖飲料前三名就是奶茶、含糖茶飲以及運動飲料。除此之外，目前市面上許多食物，也都使用了高果糖玉米糖漿來增加甜味，這些高糖份食物，可能會對身體和大腦造成傷害，大家不可不慎！

1993 年，還在念國中的我，第一次到美國旅行，當時，只覺得四處都是風和日麗，而且美國人也都身材健美、大方熱情。事隔十年，我又來到美國念書，景致依舊，人們也熱情如昔。但是，身材健美的美國人跑哪兒去了？怎麼這麼多人過胖啊！

高糖飲食讓人變笨

根據美國疾病管制局在 2009 年公佈的調查報告，全美國至少有 7200 萬名成人過胖（BMI 值大於 30）。在全美 52 個州裡，每一個州都有超過 15% 的成年人過胖，其中甚至有 9 個州有超過 30% 的成年人過胖。而且，美國人過胖的問題還每況愈下，光是 2007 到 2009 年這短短兩年之間，過胖人數就增加了 240 萬！

另外，兒童與青少年的過胖問題也很嚴重，2012 年，全美已有 1/3 以上的兒童與青少年過胖。在過去 30 年之間，兒童過胖人數倍增（由 7% 增為 15%），青少年過胖人數則激增為四倍（5% 增為 20%）！

值得省思的是，過胖率和貧困率，兩者成正比！也就是說，

越貧困的州，過胖的人越多。奇怪了？貧困不是應該沒錢吃東西而會變瘦嗎？怎麼還會變胖呢？原來，當收入越低時，就越容易購買較便宜的食物，例如含有很多糖和油的美式速食。至於健康的蔬果魚肉和上健身房鍛鍊健身，沒錢沒閒的窮人根本負擔不起。

這麼看來，高糖份的速食，可能就是造成許多美國人過胖的元兇之一。

西方的典型垃圾食物除了會導致過胖，其實還有許多可怕的後果！例如，高糖飲食會導致糖尿病、高膽固醇、體質酸化、消化不良、骨質疏鬆還有心血管疾病等健康隱憂。

此外，代謝糖份時會消耗身體中的維他命 B，而一旦維他命 B 因為體內糖份過多而耗盡時，就會出現許多神經系統異常和脾氣暴躁等問題。

更可怕的是，最近的一項研究還發現，含有高果糖的食物，甚至會讓人越吃越笨！

加州大學洛杉磯分校的高梅茲皮尼拉（Fernando Gomez-

Pinilla）教授為了探究西方典型垃圾食物會不會讓人越吃越笨，就在實驗中讓老鼠喝高果糖水，並且吃缺乏 omega-3 脂肪酸的食物，結果發現，老鼠在迷宮表現上明顯變差[80]。

仔細檢視此實驗中的四組老鼠，牠們喝的水分別是高果糖水或普通水，飼料是含有 omega-3 脂肪酸或缺乏 omega-3 脂肪酸。

結果發現：

（一）喝普通水、吃 omega-3 脂肪酸，迷宮表現正常。
（二）喝普通水、缺 omega-3 脂肪酸，迷宮表現變差。
（三）喝高糖水、缺 omega-3 脂肪酸，迷宮表現最差。
（四）喝高糖水、吃 omega-3 脂肪酸，表現介於（二）、（三）兩組之間。

若把最後兩組和最前兩組相比較，可以發現光是喝糖水就足以造成傷害。若比較最後兩組之間的差異，則可發現，

---

[80] Agrawal R, Gomez-Pinilla F. (2012). 'Metabolic syndrome' in the brain: deficiency in omega-3 fatty acid exacerbates dysfunctions in insulin receptor signalling and cognition. J Physiol. 590(Pt 10): 2485-99.

吃 omega-3 脂肪酸可以稍微補救喝太多糖水所造成的傷害。

而且，吃糖變笨並不是一種只會發生在實驗室老鼠身上的現象喔！ 2013 年，德國的科學家檢視了 141 位健康的老年人，檢視了他們的血糖濃度、記憶力表現以及大腦中與記憶有關的區域（海馬迴）大小，結果也找到類似的證據。該研究發現，體內血糖越高的人，記憶力越差，而且海馬迴也越小[81]。

胰島素下降，記憶力消退

為什麼喝糖水會影響記憶並讓人變笨。原來，身體攝入過多的的糖份後，就會造成胰島素抵抗現象，而胰島素剛好也會影響和學習與記憶有關的海馬迴。

一般來說，當血液中的葡萄糖濃度過高時，身體就必須分泌大量胰島素來把葡萄糖運送至肝臟、脂肪和肌肉細胞中。在長期血糖過高的情況下，身體中的胰島素可能就會一直

---

[81] *Kerti L et al. (2013). Higher glucose levels associated with lower memory and reduced hippocampal microstructure. Neurology. 81(20):1746-52.*

過量，並出現胰島素抵抗現象（而且負責分泌胰島素的胰臟細胞也可能因為負荷過重、運作異常而產生癌[82]）。也就是説，細胞會對胰島素不再敏感！這就跟吸毒最後得越吸越多才有感覺一樣。同樣的，果糖吃太多，也會造成胰島素抵抗（但確切機制仍不明朗）。

而好死不死，胰島素剛好跟學習與記憶也有關係。胰島素和記憶的關聯，是最近才找到的。例如，在記憶力退化的阿茲海默症病人腦中，胰島素和受體數量都比正常人少很多，而且，受影響最大的腦區就包括了海馬迴。此外，一般人在吸入胰島素後，記憶能力也會馬上增強[83]。這些發現都顯示出學習記憶、海馬迴和胰島素之間的密切關係。

總而言之，就是糖吃太多後，就會導致身體出現胰島素抵抗現象，而當海馬迴中的細胞也產生胰島素抵抗現象時，就無法再正常學習記憶，下場就是變笨。

---

[82] Mueller N.T. et al., (2010). *Soft Drink and Juice Consumption and Risk of Pancreatic Cancer: The Singapore Chinese Health Study. Cancer Epidemiol Biomarkers Prev.* 19(2):447-55.

[83] Benedict, C. et al.,(November 2004). "Intranasal insulin improves memory in humans". *Psychoneuroendocrinology 29 (10): 1326-34.*

唯一的一絲希望是，在飲食中補充 omega-3 脂肪酸，可以稍微補救喝太多糖水所造成的傷害（但無法完全彌補）。所以，還是別吃太多甜食，尤其是用高果糖漿調味的垃圾甜食（包括了各種碳酸飲料、果凍、麵包、零食、冰淇淋和手搖飲料等），如果真的非吃不可，記得補充 omega-3（如魚油、亞麻子和堅果）喔！

記憶的關鍵：海馬迴

說到海馬迴，有趣的故事就多了。1587 年，義大利的解剖學家阿朗基（Julius Caesar Aranzi）最先發現了大腦顳葉（兩耳內側的腦區）最內側的一對迴狀組織，因為這對組織長得像海馬，所以就取名為海馬迴（hippocampus）。

海馬迴是邊緣系統（limbic system）的一部份，這個系統還包括了嗅球（負責嗅覺）、杏仁核（負責情緒）等組織，屬於比較「原始」的腦區。在海馬迴被發現後，有長達 400 年的時間，大家都誤以為海馬迴只是和嗅覺或情緒有關，直到一位代號「HM」的特殊病人出現後，海馬迴的神祕身份才終於揭曉。

HM 病人是何許人也？

2009 年 12 月 2 日，那時我剛到麻省理工腦與認知科學系不久。那天，大家都收到了來自系上一位老師的電子郵件。這位老師叫作蘇姍 · 寇金（Suzanne Corkin），郵件的內容是「HM 病人的大腦解剖實況」。

當時我跟這位老師不熟，雖然常常在每星期二的午餐演講和每星期五下午的冰淇淋交誼時間會遇到，但我只知道她叫作蘇姍，是研究記憶的一位老師。由於我沒有研究記憶，所以也就沒有深究。直到看到這封郵件，才知道她就是認知科學教科書中大名鼎鼎的：HM 病人的「首席研究科學家」和「唯一看守人」。而我收到電子郵件的當天，就是她們實驗時決定解剖 HM 病人大腦並且實況播出的日子。

1953 年 9 月 1 日，美國康乃迪克州哈特佛醫院裡正在進行一項手術，病人叫作莫雷森（Henry Molaison），醫生叫作斯考威爾（William Beecher Scoville），這項手術，徹底改變了人們對於海馬迴與記憶的認識。莫雷森的大腦，也成為人類歷史上被研究最透徹的一顆大腦。

莫雷森生前，只有少數人知道他的本名，為了醫療身分保密，大家一直都稱他為「病人 HM」，直到 2008 年過世後，他的本名才公諸於世。7 歲時，莫雷森摔破了頭殼，從此以後，他就一直飽受癲癇之苦。1953 年，莫雷森 27 歲，求助無門的他決定接受手術治療：腦葉切除術（lobotomy）。

腦葉切除術是當時十分盛行的一種用來治療某些精神病和癲癇的特殊手術方法。當年的手術名醫斯考威爾用電鑽在莫雷森的頭殼上開了兩個錢幣大小的洞、切除部份腦葉，再以強力吸引器抽出了血腦模糊的腦組織（包括了內側顳葉、前半部的海馬迴以及大部份的杏仁核）。

手術結束後，莫雷森癲癇消失了，一切行為也似乎都正常。但是一個奇特的情形發生了：他無法形成新的長期記憶（情節記憶）。斯考威爾請了另一位神經外科醫師潘菲爾德（Wilder Penfield，另一位神經外科與認知科學界的傳奇人物）幫他檢視莫雷森的失憶情形，於是潘菲爾德就派了他的學生米爾那（Brenda Milner）去進行實驗。而寄信給我們的麻省理工教授寇金，就是米爾那的學生（潘菲爾德的徒孫）。在莫雷森術後將近 50 年的時間，多數的實驗都是寇金所完成的。她的許多研究發現，原來海馬迴與長期記憶

的形成有關[84]。

為什麼人類有空間記憶？

一直以來，大家都認定，在海馬迴與記憶的研究領域中，一定會出好幾個諾貝爾獎得主。果然，2014 年的諾貝爾生物醫學獎得主，就落在研究海馬迴與記憶的歐基夫（John O'Keefe）及其學生穆瑟夫婦（May-Britt Moser & Edvard Moser）身上。

歐基夫所關注的問題非常基本，就是人為什麼有辦法記住每天上班或上學的路徑，並成功的在兩個地點之間巡弋穿梭，換言之，就是為什麼人有空間記憶，有能力記得路標和路徑。

1971 年，歐基夫首次發現，老鼠的海馬迴之中有一種細胞，這種細胞會根據老鼠在迷宮中的位置做出反應。當老鼠處於某一個位置時，有一些細胞會反應，當老鼠移動到另外一個位置時，又有另一些細胞會反應。他把這些細胞稱作

---

[84] *Suzanne Corkin. (2013). Forget Me Not: Permanent Present Tense: The Unforgettable Life of the Amnesic Patient, H.H. Basic Books.*

「位置細胞」（place cell）[85]。他當時提出了一個理論，認為就是這一些「位置細胞」表徵了外在空間，並在腦中建構出一張認知地圖，透過這張認知地圖，老鼠就可以記住空間位置並且不會迷路。

在當時，這其實是個很新穎的看法。當時的學術界雖然認為海馬迴和記憶有關，但卻沒有想過海馬迴和空間記憶以及導航有關。大部份的人都認為，海馬迴應該是和氣味記憶有關。當時大家普遍的批評歐基夫，認為這些「位置細胞」應該是「氣味細胞」才對，一定是歐基夫沒有辦法抹去空間中的老鼠氣味，所以老鼠才會在迷宮中不同的地點聞到不同的味道，並激發這些神經細胞。

這或許也是他這篇原創研究只發表在普通的期刊，而沒有辦法登上頂級期刊的原因。歐基夫後來用了更多實驗不斷證實他的理論，這個想法才逐漸被學界接受。

2005 年，他之前的博士後研究員穆瑟夫婦發現，海馬迴旁邊的內嗅皮質（entorhinal cortex）中還有另一種細胞會在老

---

[85] O'Keefe j, Dostrovsky. J. (1971). "The hippocampus as a spatial map. Preliminary evidence from unit activity in the freely-moving rat". Brain Research 34 (1): 171–175.

Chapter.4 知識騙局

鼠經過許多位置時激烈反應。如果把這些位置在地圖上標示出來，就可以看到像是格子一樣的反應圖。這些細胞被稱作「網格細胞」（grid cell）[86]。透過這些「位置細胞」和「網格細胞」所建構出來的認知空間地圖，我們就可以知道自己身在何處，空間表徵與導航的謎題，也終於真相大白。

---

[86] Hafting, T.; Fyhn, M.; Molden, S.; Moser, M. -B.; Moser, E. I. (2005). "Microstructure of a spatial map in the entorhinal cortex". Nature 436 (7052): 801–806.

Part.2

記憶也能遺傳？

你以為自己年輕時的經驗，不會影響到你長大結婚後生出來的小孩嗎？你有聽過「外遺傳學」（epigenetics）嗎？你知道環境可以影響基因表現，並遺傳給子孫嗎？你知道飲食、抽煙和生活方式，都會偷偷的在基因上留下「印記」，並傳給下一代嗎？你知道恐懼記憶竟然也可以遺傳嗎？快來看看影響深遠的「外遺傳」現象吧！

祖先的經歷決定你的基因

奧佛卡利克斯（Överkalix）是瑞典北方的一個郡，自從 16 世紀以來，當地的神職人員就一直詳實記錄著當地居民的出生資料、死亡原因以及糧食產量與價格等各種訊息。到了 1980 年左右，流行病學家卡提（Gunnar Kaati）和預防醫學專家畢格林（Lars Olov Bygren）如獲至寶的發現了這些歷史資料，並開始研究環境變化與孩童的健康關係。

結果發現，如果祖父在進入青春期之前歷經了飢荒，他的孫子死於心血管疾病的機率會降低。相反的，如果祖父在進入青春期之前衣食無虞或甚至飲食過量，孫子罹患糖尿病的機率則會比常人高出四倍，所減短的壽命甚至會高達 32 年！[87]

畢格林和兒童遺傳學家潘姆布瑞（Marcus Pembrey）還追蹤了英國 14,000 名在 1991 年及 1992 年懷孕生產的父母及其

———

[87] *Eur J Hum Genet. 2002 Nov;10(11):682-8. Cardiovascular and diabetes mortality determined by nutrition during parents' and grandparents' slow growth period. Kaati G, Bygren LO, Edvinsson S.*

子女的健康與發展情況。結果發現其中有 166 位在 11 歲之前就開始抽煙的父親，和其他較晚抽煙的父親比起來，這些「早煙」父親的兒子在 9 歲時就已經出現明顯肥胖的情況。[88]

奇怪了，祖父的飲食經歷竟然會影響孫子？父親的抽煙竟會影響兒子的胖瘦？難道說，飲食經歷會造成基因突變嗎？這個謎一般的現象，科學該如何解釋呢？原來這一切都和「外遺傳」有關。

外遺傳學點燃演化生物學界的戰火

遺傳學，是一門研究基因、遺傳與生物變異現象的學問。在 80 年代之前，主流的想法認為，生物性狀的變異主要都是來自於 DNA 序列的改變。但隨著生物科學的進展，有越來越多的研究發現，許多環境和內在因素都可以在不改變 DNA 序列的情況下影響基因的表現，例如，透過 DNA 甲基化（在組成 DNA 的某些核苷酸上加入甲基），就可以影響生物身上的基因表現。

—

[88] *Eur J Hum Genet. 2006 Feb;14(2):159-66. Sex-specific, male-line transgenerational responses in humans Pembrey ME, Bygren LO, Kaati G, Edvinsson S, Northstone K, Sjöström M, Golding J; ALSPAC Study Team.*

而且重點是，這些環境對生物體所造成的影響，有可能會遺傳給下一代！

由於這些改變是發生在 DNA 的「表面」，而不會影響 DNA 序列，因此，人們稱之為「外遺傳學」（epigenetics）或是「表觀遺傳學」。從 80 年代開始，這門科學就越來越火紅。許多研究發現，人在年輕的時候，飲食、生活習慣、和環境因素都有機會透過「外遺傳」的方式影響其基因表現，並且傳給下一代！

例如，最近一項針對 889 位嬰兒的研究調查就顯示，如果母親曾在懷孕時吸煙，其嬰兒就會有超過 100 個基因部位出現甲基化的現象。受到影響的基因包括了與胎兒發展、尼古丁成癮、以及戒煙有關的基因等等[89]。而且，有些影響還可能延續到第三代，讓第三代子孫的身高、體重和體型出現變化[90]。

—

[89] Christina A. Markunas et al. (2014). Identification of DNA Methylation Changes in Newborns Related to Maternal Smoking during Pregnancy. Environ Health Perspect; DOI:10.1289/ehp.1307892

[90] Jean Golding et al. (2014). The anthropometry of children and adolescents may be influenced by the prenatal smoking habits of their grandmothers: A longitudinal cohort study. American Journal of Human Biology, DOI: 10.1002/ajhb.22594

看到這裡，平常比較沒有在追蹤生物學消息的的讀者們，可能不會覺得這有什麼了不起。但事實上，這些外遺傳的發現可以說是重新點燃了 200 年前演化生物學界中的一場戰火，並讓人開始重新省思生物新獲得的性狀究竟是如何遺傳給下一代。

拉馬克的「獲得性遺傳」

拉馬克（Jean-Baptiste Lemarck），18 世紀的法國自然博物學家，生物學中人盡皆知的一位學者，也是「生物學」（biology）這個名詞的發明人之一。

1809 年，也就是另一位知名演化生物學家達爾文（Charles Darwin）出生的那年，拉馬克發表了《動物哲學》（Philosophie zoologique），書中提到了兩個有名的演化原則：「用進廢退」和「獲得性遺傳」。

拉馬克的「用進廢退」理論認為，在生物的一生中，重要的器官會因應環境而改變，例如大象的鼻子和長頸鹿的脖子會越用越長，然後這些獲得的性狀，就會透過「獲得性遺傳」傳給下一代。這個「用進廢退」理論，很早就被達

爾文的「物競天擇」説給擊敗。達爾文認為，「用進廢退」的現象並不存在，而是在物競天擇的情況下產生了「適者生存」的現象。也就是説，在艱困的環境中，只有長鼻子的大象才能獲得較多食物而生存下來並繁衍後代。

值得一提的是，達爾文主要反駁的只是拉馬克的「用進廢退」理論，至於拉馬克的「獲得性遺傳」概念，他其實是支持的。達爾文自己也曾經提出「泛生論」（pangenesis），認為生物的身體可以分泌某種分子來影響生殖細胞並影響下一代。

事實上，在達爾文 1882 年去世後的 40 年間，拉馬克的「獲得性遺傳」理論一度獲得許多學術界要角的支持。但是，當年發生的幾項重要事件，卻把拉馬克的「獲得性遺傳」理論徹底打入無法翻身的地獄之中。

首先，是德國科學家魏斯曼（August Weismann）的白老鼠斷尾實驗。他把 68 隻白老鼠的尾巴切斷，然後繁衍後代，接著重複斷尾的步驟長達五代，結果在 901 隻後代中，沒有任何一隻老鼠是一出生就斷尾的。這個結果顯示，後天獲得的斷尾性狀，並沒有辦法遺傳給下一代。但是，這項結

果並沒有徹底擊潰「獲得性遺傳」理論，因為，當時大家覺得，或許老鼠的尾巴具有特別生理機制可以避免斷尾後造成「獲得性遺傳」，又或者，人工斷尾法可能也會影響「獲得性遺傳」的正常運作。

而壓垮「獲得性遺傳」理論的最後一根稻草，或許就是1926 年爆發於奧地利科學家克梅拉（Paul Kammerer）的一場學術醜聞爭議。克梅拉是拉馬克主義的支持者，這位當年生物學界的明星，一直設法透過實驗來支持「獲得性遺傳」理論。他在一項實驗中，透過提高室溫來逼迫原本陸生的蟾蜍進入水中避暑和交配。結果幾代之後，公蟾蜍的前肢就長出了黑色婚墊（用來幫助公蟾蜍在水中抓緊母蟾蜍的肉墊）。對克梅拉來說，這個發現是拉馬克「獲得性遺傳」理論的強力證據。

沒想到，在 1926 年 8 月 7 號，《自然》雜誌上出現了一篇文章[91]，指控此公蟾蜍的黑色婚墊是透過注入墨水偽造而來。六週後，克梅拉抑鬱自殺，此項爭議終成懸案。雖然事後的調查顯示，墨水有可能是遭他人陷害而注入的，但

---

[91] *Kammerer's Alytes by Dr. G.K. Noble (August 7, 1926, pages 209-211).*

是，「獲得性遺傳」理論卻已經隨著成克梅拉的隕落而人人避之唯恐不及。

主流科學界對於「獲得性遺傳」的負面態度，一直要到外遺傳學的興起才有稍微的改觀。近年來，更是有許多有趣甚至驚人的外遺傳新發現，以下就幫大家介紹一個相當具有衝擊力的例子：遺傳記憶！

記憶可以遺傳的逆襲

自從「獲得性遺傳」理論變成落水狗之後，如果你還敢說後天獲得的性狀可以遺傳，大家都會對你投以異樣的眼光。但在 2013 年 11 月的聖地牙哥神經科學年會上，美國埃默里大學的迪亞茲（Brian Dias）與萊斯勒（Kerry Ressler）發表了一項令人驚訝的研究成果：後天獲得的記憶竟然可以遺傳！這個消息一出，馬上就引起了震撼。

天啊，這是拉馬克的逆襲嗎？200 年前拉馬克的「用進廢退說」和「獲得性遺傳」理論一度被打趴在地，沒想到，拉馬克主義竟然在 200 年後上演殭屍復活？

此消息熱鬧流傳了一陣子後，終於在 2013 年底的《自然神

經科學》上刊出[92]，現在我們就來一起看看這項研究。

實驗是這樣的：科學家給小鼠聞某種氣味（苯乙酮），然後施以電擊，讓小鼠學會對此氣味產生恐懼。10 天後，這些小鼠交配生產後代。結果發現，這些小鼠的兒女們竟然也會對這種氣味感到懼怕。更誇張的是，這樣的恐懼記憶還可以至少遺傳兩代！而且，解剖發現，這些小鼠子代腦中負責偵測此氣味的腦區和神經細胞確實變大、變多了。

也就是說，老爸對這種氣味的恐懼記憶，竟然直接遺傳給兒子了（兒子從來沒被電擊過）！

當然，有人會懷疑，有沒有可能這並不是遺傳所致，而是親代在養育子代時產生了某些行為影響。

為了排除這個可能性，迪亞茲與萊斯勒又進行了另一項實驗，這一次，他們把歷經電擊氣味學習 10 天後的公鼠精子取出，然後送到另一個實驗室中進行人工受精，以杜絕任何親代對子代的可能行為影響。結果，在這些根本不知自

[92] *Nat Neurosci. 2014;17(1):89-96. Parental olfactory experience influences behavior and neural structure in subsequent generations. Dias BG, Ressler KJ.*

Chapter.4 知識騙局

己老爸是誰、也從來沒有和老爸接觸過的小鼠大腦中，負責偵測此氣味的腦區和神經細胞也同樣變大、變多。

由於這些在另一個實驗室中藉由人工受精生出的小鼠根本不可能受到親代的行為影響，因此，牠們對氣味的反應應該鐵定是透過遺傳而來的。

科學家們用外遺傳學（epigenetics）來解釋這個發現：包覆著ＤＮＡ的蛋白質會因為環境的影響而改變結構（例如甲基化），並因此影響ＤＮＡ的讀取過程。如此一來，即使ＤＮＡ本身沒有突變，環境也可以透過改變讀取過程來影響基因表現，並遺傳給子孫。

這樣看來，一朝被蛇咬，不只是十年怕草繩了，而是三代怕草繩！如果你也對某些事物有著莫名的恐懼，說不定是因為祖先的某些經歷所致喔！

不過，究竟這種氣味分子和伴隨的恐懼是怎麼改變生殖細胞呢？目前仍是一團迷霧。達爾文的泛生論，該不會也有逆襲的一天吧？

Part.3

右腦開發的真相！

你知道，坊間的右腦開發傳聞，幾乎都沒有可信的科學根據嗎？這些流言和商品又是從何而來呢？右腦開發的來龍去脈，恰巧和我在美國的求學經歷略有相關！接下來，就讓我來告訴大家背後的故事，並破除右腦開發的迷思。

裂腦病人

2003 年九月，我從台灣來到美國，進入達特茅斯學院（Dartmouth College）念書。達特茅斯學院，是常春藤八所盟校中最北邊的一所，在這裡，每年有長達半年的時間都是天寒地凍。或許因為如此，老師和學生們只能躲在溫暖的實驗室中努力鑽研，讓達特茅斯學院成為認知科學的研究重鎮之一。

我一進到系上的第一天，就見到了人高馬大的認知科學中心主任：葛詹尼加（Michael Gazzaniga）。嚇死人，這身形也太高大了吧！不過，高大歸高大，人倒是挺親切的！在與新生們逐一握手聊天時，他走到我的面前，我一邊仰望著這位科學「巨人」，許多與他有關的有趣裂腦研究也同時在我腦海中一一浮現。

葛詹尼加是裂腦科學研究的教父，也是「認知神經科學」這個詞的創建者。他的導師史貝瑞（Roger Sperry），正是因為裂腦病人研究而獲得 1981 年的諾貝爾生醫獎。

要破除右腦開發的迷思，就得先介紹裂腦病人。而要介紹

裂腦病人，就得先介紹「胼胝體」。胼胝體，這個很常被錯念成胖脂體的東西是什麼呢？它是連結兩個半腦之間的神經纖維。簡單來說，大腦分成左右兩個半球，其中的左半球負責控制右半邊的身體，右半球則控制左半邊的身體。而這兩個半球中間，有一條由神經纖維所構成的「高速公路」相連，這條負責聯繫兩個半球的高速公路，就叫做胼胝體。

那什麼是裂腦病人呢？裂腦病人就是胼胝體被醫生切斷的病人。1940 年代，有些癲癇（大腦大規模的不正常放電）病人無法被藥物控制，因此醫生們想說切開胼胝體，癲癇就不會從一個半腦擴散到另一邊。結果發現，切開胼胝體果然有效。更有趣的是，切開後，醫生們還發現了兩個半腦在功能上似乎略有差異。而史貝瑞和葛詹尼加，就是研究裂腦現象的箇中翹楚。

他們發現，如果把文字資訊呈現給左腦，病人可以正常回答他看到什麼字，但是，如果把文字資訊呈現給右腦（由於視神經左右交叉，因此若把文字呈現在左側視野，就只會被右腦接收到），那病人會說他什麼都沒看見，但是，右腦控制的左手卻可以做出相關的反應。

Chapter.4 知識騙局

例如，如果讓右腦看「臉」這個字，然後問病人看到什麼，他會說「我什麼都沒看到」，但如果讓病人左手拿紙筆，請他畫畫看，他卻可以用這隻由右腦所控制的左手，畫出一張臉來。

語言不是只在左腦，藝術不是只在右腦

天啊，真是太奇怪了。這到底是怎麼一回事？此發現一出，不僅在科學界中引起議論，也在社會上引起巨大的迴響。

當時很多人試圖用「左腦處理語言、右腦處理藝術」的理論來解釋這個現象。他們認為，當胼胝體被切斷後，左右腦之間的溝通橋樑也就斷了，右腦所接收到的語言資訊就無法傳到左腦，病人也就無法用專司語言的左腦說出看到的文字，甚至還會說自己什麼都沒看到，此時，負責藝術的右腦唯一能做的事，就只是畫出東西。

由於這個解釋聽起來很合理，因此，這種「左腦語言、右腦藝術」的想法就從此深植人心，讓大家誤以為「左腦只處理語言、右腦只處理藝術」。

同一時間，在 1979 年出版的知名繪畫教材《用右腦繪畫》（*Drawing on the Right Side of the Brain*）風行一時，這本書是著名畫家貝蒂艾德華（Betty Edwards）出版的一本優秀繪畫教材，可惜，書中並沒有提及與大腦有關的可信科學根據。然而，在這本暢銷繪畫教材的推波助瀾之下，卻讓大家更加不假思索的相信了「左腦語言、右腦藝術」的區分方式。

到了 21 世紀的今天，你一定也有聽過：「大部份的人都慣用左腦，所以我們要多使用右腦，小孩尤其要好好開發！」事實上，這都是完全沒有科學根據的流言。以下就舉出五項證據，來反駁這個流言。

第一，我們可以先回顧一下葛詹尼加當年的病人。其實，只要仔細檢視這些病人的反應，就可以發現「語言只在左腦」的說法並不正確。

例如，上述病人的右腦看「臉」這個字後，仍可以用左手

畫出一張臉，這顯示出，語言資訊的確有被右腦看到、也有被處理，不然，病人是不可能有辦法畫出臉的（因為，要畫出一張臉，一定要先處理眼前「臉」這個字的文字訊息，然後才能將文字語意轉化成圖像並畫出來。）。

第二，語言的確有往左腦「側化」的現象，但並不是「只」在左腦！

大部份的人在處理語言資訊時，左腦的語言區會比右腦的語言區活躍。但是請注意，是左腦語言區「比較」活躍，而不是「只有左腦語言區活躍」，也不是「只有左腦活躍」。換句話說，兩邊的大腦都有參與處理語言，而不是只有左腦負責處理而已。

而且，一個人有語言區左側化的現象，也不等於那個人就是慣用左腦。只要稍微舉個例子，大家一定可以馬上瞭解這種想法的謬誤。這就好比說，有一台電腦主機板上的記憶體位置稍微偏左，但沒有人會因此就說這台電腦「慣用」左側的主機板。

第三，左撇子和右撇子，並非就是慣用右腦或左腦的人。

的確，人有慣用左手和右手之分，但是，這並不表示他們

就是慣用右腦或左腦。例如，大部份（～ 95%）的右撇子都是語言左腦側化，但是大部份（～ 75%）的左撇子也是語言左腦側化（雖然比例較低）[93]。整體來說，大約只有 1%的人同時是左撇子而且語言右腦側化[94]。換言之，不管你是慣用右手還是左手，幾乎大部份的人都是語言左腦側化。而且，如第二點所說，語言左腦側化也不等於整個人就是慣用左腦。

第四，最近的許多腦造影研究都指出，並沒有人是只用左腦或只用右腦。

2013 年，美國猶他大學的科學家分析了 1011 個人腦中的功能連結度，結果發現，受測的每一個人，左腦內的功能連結度和右腦內的整體功能連結度都一樣強。也就是說，根本沒有人是只偏好用左腦，也沒有人只偏好用右腦。[95]

—

[93] *Szaflarski, J.P., et al. (2002). Language lateralization in left-handed and ambidextrous people: fMRI data. Neurology 59, 238-244*

[94] *Bernard Mazoyer et al., (2014) Gaussian Mixture Modeling of Hemispheric Lateralization for Language in a Large Sample of Healthy Individuals Balanced for Handedness. PLoS ONE. doi: 10.1371/journal.pone.0101165*

[95] *Nielsen JA, et al. (2013). An Evaluation of the Left-Brain vs. Right-Brain Hypothesis with Resting State Functional Connectivity Magnetic Resonance Imaging. PLoS ONE, 8(8):e71275*

第五，藝術能力（例如音樂）並不是「只」在右腦。

2012 年，麻省理工學院的頂尖腦造影實驗室，發表了一篇關於音樂認知的腦造影研究[96]，發現大腦兩邊都有對音樂反應的區域。同一年，另一篇來自加拿大英屬哥倫比亞大學的腦造影研究也發現，創造力同時涉及了左右兩側的大腦[97]。

換言之，音樂和創造力等認知功能，兩側大腦都參與其中。有許多認為「透過音樂和藝術等創造活動可以刺激右腦」的傳言，現在都已經被證明是錯誤的！大家別再以訛傳訛囉！

這些證據都再再說明了一件事，就是種種有關慣用左腦的說法，都是空穴來風啦！因此，各位家長們別被商人騙去買什麼右腦開發教材囉！因為根本沒這回事啊！大腦開發是必要的，但不用偏重右腦開發，只要多多探索、多樣學習，就可以全腦開發囉！

—

[96] Fedorenko E, McDermott JH, Norman-Haignere S, Kanwisher N. (2012). Sensitivity to musical structure in the human brain. Journal of Neurophysiology 108: 3289-3300.

[97] Ellamil M, et al. (2012). Evaluative and generative modes of thought during the creative process. Neuroimage 59: 1783-1794.

Part.4

睡眠學習有效嗎？

大家一定有聽過「睡眠學習」，對吧？就是號稱在睡眠中播放一些資訊，然後睡醒就通通學會了。人的一生有 1/3 的時間在睡覺，如果真能睡眠學習，那該有多好啊！但是，睡眠學習真的有效嗎？市面上有不少書籍和教材都是打著睡眠學習的旗幟，是真有其事？或者又是商人的騙局？就讓腦科學研究來幫大家揭開其中的秘辛。

國中時，我就讀於台北市立中正國中，也就是名模林志玲的學弟。雖然是她的學弟，但是我不知道她當時的風采如何，因為我們差了三屆，我入學時她已經畢業了。除了有明星校友，這所學校本身也是台北市有名的明星國中，而且，還是明星國中裡的明星，升學紀錄年年稱霸教育界。

想當然爾，這所學校的學生們，考試壓力不會小。除了三不五時的小考大考，每天早上一到學校，也要先來 次早考。星期一考國文、星期二考英文、星期三考數學……每天至少一科。

記得有幾次要考英文的時候，我也曾經寧可信其有的測試了一下「睡眠學習」。晚上故意不背英文單字（其實是想偷懶），然後睡覺時播放單字錄音帶，希望隔天早上的英文單字考試就會拿滿分。結果可想而知，不但考得一塌糊塗，還因為睡眠品質不佳而一直打瞌睡、整天昏昏沉沉，真是賠了夫人又折兵。

睡眠學習法的始作俑者

這個令人又愛又恨的「睡眠學習法」，始作俑者到底是誰？
讓我們一起來追溯吧！

20 世紀初期，催眠盛行一時。1927 年，紐約的商人兼發明
家薩里吉爾（Alois Benjamin Saliger）順勢發明了一台機器，
叫作「心靈對話機」（Psycho-Phone）。這台機器可以錄下
一些句子，例如「我很聰明」、「我很受歡迎」等暗示性
訊息，然後徹夜播放。薩里吉爾宣稱，自然睡眠狀態和催
眠很類似，因此，睡眠時的無意識心靈也可以輕易的接受
資訊和暗示。但是，當時沒有人可以驗證該方法的成效。

除此之外，當年風靡一時的科幻小説和大眾文化，也助長
了睡眠學習的概念和想法。例如，在英國小説家赫胥黎
（Aldus Huxley）的《美麗新世界》中，就描述了一個可以
透過「睡眠教育」來灌輸各種價值觀並操控人類的世界。
美國的熱門影集《六人行》（Friends）和《辛普森家庭》，
也都出現過睡眠學習的劇情。

就這樣，在這些流行文化的推波助瀾之下，「睡眠學習」

的概念深植人心。不過，科學界卻始終對此抱持懷疑的態度。

1956 年，美國蘭德公司（Rand Corporation）的研究員席門（Charles Simon）和艾莫斯（William Emmons）第一次透過腦電圖實驗檢視了「睡眠學習」的成效[98]。結果，沒有發現任何可以支持「睡眠學習」的證據。

他們發現，如果真的有成功學習的情況，也都是發生在受試者快要從睡眠中醒來（或是正在甦醒時）的階段，因此，他們認為「睡眠學習」根本不可能。從此以後，科學界基本上都把「睡眠學習」視為無稽之談。

睡眠能幫助記憶

雖然缺乏「睡眠學習」的證據，但是，睡眠的確和記憶有關。許多研究都指出，睡眠可以鞏固或強化白天所學得的事物和記憶。不過要注意的是，大家普遍認為，學習並

---

[98] Simon, Charles W.; Emmons, William H. (1956). Responses to material presented during various levels of sleep. Journal of Experimental Psychology, 51(2), 89-97

沒有發生在睡眠中，睡眠只是幫助鞏固「已學得事物和記憶」。也就是說，白天習得的事物和記憶，會在晚上睡覺時逐漸沉澱並得到鞏固，但是，睡覺時並不能學習新的事物。

不過，或許是因為一般人對這些科學發現的誤解，而錯以為這些睡眠與記憶的發現就等於「睡眠學習」，如此一來，就更加深了大眾對「睡眠學習」的印象。但是，「睡眠學習」真的不可能嗎？

介紹到目前為止，都沒有任何證據支持「睡眠學習」，但是，缺乏證據並不代表「睡眠學習」就完全不可能。或許，只是證據還沒有被找到，不是嗎？隨著科學技術和方法的進步，說不定以後可能找到證據？

事實上，最近幾年似乎出現了一些蛛絲馬跡，讓「睡眠學習」的可行性露出一絲曙光。有幾項實驗，證實了睡眠中接收到的資訊，可以影響或鞏固白天已習得的資訊。

首先，2007 年，德國呂貝克大學的科學家讓受試者學習物品在電腦螢幕上的出現位置，同時在空氣中釋放玫瑰香氣。

學習結束後，受試者被分成兩組，當他們在晚上進入深度睡眠時，其中一組人會再度吸入玫瑰香氣，另一組則吸入無味氣體。結果發現，曾在深度睡眠中再度吸入玫瑰香氣的受試者，睡醒後的回憶準確度高達 97.2%，明顯高於另一組對照受試者的回憶準確度 85.8%。也就是說，在睡眠中聞到的玫瑰香味時，受試者似乎可以在「喚起」當初與玫瑰香味一起出現的學習內容，並因此強化了相關的學習記憶。

2009 年，美國西北大學的科學家也進行了一項類似的實驗，這次他們讓受試者記憶 50 件物品在電腦螢幕上的出現位置，在記憶每件物品的位置時，科學家會播放該物品的對應聲音，以幫助受試者記憶。例如，當物品是貓時，就會播放貓叫聲，當物品是汽鍋時，就會播放汽笛聲。學習結束後，受試者在晚上進入深度睡眠時，實驗人員會播放其中 25 件物品的對應聲音。結果發現，受試者在睡醒後，他們對這 25 件曾經在睡眠中聽到對應聲音的物品有比較準確的位置記憶[99]。

---

[99] John D. Rudoy JD. et al. (2009). *Strengthening Individual Memories by Reactivating them During Sleep.* 26(5956): 1079.

2012 年，美國西北大學的同一組科學家針對動作記憶進行測試，發現動作記憶也可以在睡夢中被強化。他們讓受試者學習用左手彈奏兩首音樂曲目，學習過後，有 90 分鐘的小睡時間，當受試者進入深度睡眠後，研究人員就會重複播放其中一首音樂。結果發現，睡醒後受試者兩首曲目的彈奏表現都變好，而睡眠中重複播放的那首音樂則更好[100]。

2014 年，瑞士的心理學家也發現，在睡夢中「複習」學習過的語言可以幫助鞏固記憶。在這項研究中，科學家找來了不會荷蘭文的德語人士，讓他們在晚上就寢前進行 120 組荷蘭文和德文的配對學習。其中的荷蘭文以語音播放，而螢幕上則會呈現相對應的德文。受試者在學習過後就寢，當進入非動眼睡眠期時，則會再度用語音播放部份先前學過的荷蘭文。結果發現，受試者醒來後，睡眠中有「複習」過的字有著顯著較高的記憶正確率[101]。

這四個實驗都顯示出，睡眠中接收到的資訊，可以影響或

---

[100] Antony J.W. et al. (2012). Cued memory reactivation during sleep influences skill learning. Nature Neuroscience 15,1114–1116.

[101] Schreiner T. and Rasch B. (2014). Boosting Vocabulary Learning by Verbal Cueing During Sleep. Cereb Cortex. [Epub ahead of print]

鞏固白天已習得的資訊。但是，這兩個實驗，都沒有顯示出睡眠中可以學得新事物，不是嗎？別急、別急，以下這個最新的發現，就發現了睡眠中學習新事物的證據！

只能學習簡單的聲音氣味配對！

2012 年，以色列魏茨曼科學研究所的科學家在受試者睡覺時，同時播放聲音並在空氣中釋放氣味，其中一個音頻總是和好聞的氣味同時出現，另一個音頻總是伴隨著難聞的氣味。他們測量了受試者的「吸鼻」反應（聞到氣味時吸入的氣體量），發現即使在熟睡時，好聞的氣體仍會引發較強的吸鼻反應。

有趣的是，在上述的「睡眠學習」階段結束後，但尚未甦醒前，當實驗人員再度播放聲音但卻不釋放氣味時，受試者仍然出現一樣的吸鼻反應：先前與好聞氣體配對過的音頻仍會引發較強的吸鼻反應。而且，受試者睡醒後，此反應依然存在。由此可知，人們似乎可以在睡眠時進行簡單的制約學習[102]。

---

[102] Arzi, A. et al. (2012). "Humans can learn new information during sleep". Nature Neuroscience 15 (10): 1460-1465.

上述這些實驗告訴我們，睡眠時似乎可以「複習」某些學習過的資訊，並進行簡單的制約學習。但是，較複雜的資訊是否也能在睡眠中進行，目前仍缺乏科學證據。

至於語言學習，雖然有研究顯示可以在睡眠中「複習」已經學習過的單字，但是，仍沒有證據顯示睡眠中可以學習完全沒有學過的新單字。

此外，睡眠中學習，也要考慮到音量和味道刺激的強烈程度，如果刺激太弱，那一定不會有任何效果，反之如果刺激太強，則有可能會影響睡眠、或甚至把人吵醒。結果就會跟我當年一樣，不但早上的小考考得慘不忍睹，還因為睡不好而一直打瞌睡。

總而言之，關於睡眠中進行複雜的新資訊學習，科學家們仍抱持懷疑。但是，你不妨自己先試一試喔[103]！

---

[103] 感謝高雄醫學大學心理系蔡宇哲老師對這篇文章初稿的建言。

Part.5

偏見不一定有害

人的思考和行為,充滿了各式各樣的偏見。這些偏見,無時不刻在影響著我們的日常舉動。但是,這些「偏見」真的是大腦的「錯誤」嗎?如果人腦有這麼多的錯誤,怎麼可能在演化過程中存活下來?還是說,這些「偏見」其實能帶給我們某些好處?此外,雖然人人都有認知偏見,但是為什麼有些人偏見比較強,有些人則比較沒有偏見呢?是不是有什麼特殊因素,導致某些人有強烈的偏見呢?以下請見腦科學解密!

人的思考中，充滿各種偏見。在思索問題的解決方法時，有定勢效應；在面對機率現象時，有機率忽略偏見；在面對外來族群或派系時，則有派系偏見。幾乎所有的心智活動中，都看得到偏見的蹤影！

定勢效應

定勢效應，是指人們在解決問題時，會傾向採用熟悉的方法，而且這個方法會一直盤踞心中，並使人忽視其他可能的方法。一些常常在法庭和醫院中出現的認知偏誤，事實上都與「定勢效應」（Einstellung effect）有關。

1942 年，美國心理學家路琴（Abraham Luchins）所做的實驗，大概是最為人所知的定勢效應實驗之一[104]。我們現在就來一起試試：

請想像手上有三個空水壺，容量分別是 131、21 和 5 毫升，請設法把水在水壺之間倒來倒去，然後取得 100 毫升的水。操作次數沒有限制，但是每次盛裝或倒出的水量都必須是

[104] 1942: Mechanization in problem solving. In: Psychological Monographs 34, APA: Washington.

後三個容器的容量之一。想到該怎麼做了嗎？

正確的方法是先裝滿 131 毫升的水壺，再用這個水壺倒滿 21 毫升的水壺，原先水壺的水量便剩下 110 毫升，最後再裝滿並倒空 5 毫升的水壺兩次，第一個水壺就剩下 100 毫升了。也就是 131 － 21 － 5 － 5 ＝ 100。

受試者接下來會嘗試好幾個類似問題，每個問題都可以用這種的「三段解法」解開，受試者也都很快完成。但是，受試者也很快的陷入這樣的策略使用「趨勢」中而不可自拔。有時候，題目中會隱藏著某一種更簡單、更快速的解答方法，但受試者卻都沒發現較簡單的解法。

例如，請利用 29、13 和 3 毫升的水壺得出 10 毫升的水。這個問題你會怎麼解呢？

在定勢效應成型後，大部份的人都用三段式的老方法來解決這個問題，也就是用裝滿 29 毫升的水壺先倒滿 13 毫升、再倒滿 3 毫升兩次，即 29 － 13 － 3 － 3 ＝ 10。

但是，其實還有更簡單的答案！就是只要裝滿 13 毫升的水壺，再用它倒滿 3 毫升的水壺，一次就搞定了，也就是 13 － 3 ＝ 10。

或者，再來試試這一題：請利用 39、14、 4 和 3 單位的水壺得出 10 毫升的水。

如果想用老方法來解決這個問題，基本上是無解，因為 39 － 14 － 4 － 4 ＝ 7。在路琴的實驗中，許多受試者都放棄了，並喊說這根本無解。他們其實都忽略了，只要改變一下想法，其實可以找到更簡單的解答。這就是認知偏見中的「定勢效應」。

機率偏見與派系偏見

還有其他各種不同的認知偏見也很常出現在行為決策與社交環境之中，例如機率忽視偏見（neglect of probability bias）與派系偏見（in-group bias）。機率忽視偏見，就是人類常常會無視機率而做出錯誤的判斷。例如，當一個銅板連續丟出 10 次人頭向上的結果後，大家常常會覺得，下一次的結果很有可能會是數字向上。但是，依照獨立事件的機率，下次出現人頭的機率還是 1/2。此外，人們通常比較害怕搭飛機，卻不怕搭汽車，即使明知道搭飛機的事故機率遠小於汽車，也無法消除心中的恐懼。

派系偏見也是如此，對於非我族類的人（不同種族、不同膚色、不同語言、不同制服、或不同政治立場），我們常常會產生懷疑和不信任，有時也會高估自我族群的價值，並輕視自己所屬以外的團體。

智商和偏見有關嗎？

雖然人人都有認知偏見，但是為什麼有些人偏見比較強，有些人則比較沒有偏見呢？是不是有什麼特殊因素，導致某些人有強烈的偏見呢？

在 2012 年的《心理科學》期刊上，加拿大布魯克大學的心理學教授哈德森（Gordon Hodson）發表了一項引人熱議的研究。他在分析了 15,874 名英國受試者的資料後發現，智商較低的孩童長大後，比較會發展出保守的思想與強烈的偏見（種族偏見）[105]。

在另一項分析中，他測量了 254 位受試者的抽象思考能力、

---

[105] Hodson G. and Busseri M.A. (2012). Bright Minds and Dark Attitudes: Lower Cognitive Ability Predicts Greater Prejudice Through Right-Wing Ideology and Low Intergroup Contact. Psychological Science. 23(2), 187-195.

同性戀歧視程度、附從權威程度以及同性戀友人的數量。結果發現，抽象思考能力越低者，對同性戀的偏見就越高。附從權威的程度和同性戀友人的數量則會對這個相關性造成些許影響。

哈德森認為，智商較低的人，比較青睞保守的想法，並且附從權威，因為保守的想法通常在結構上比較單純、也比較容易理解，而附從權威則是最不需要動用腦力的做法。當智商低的人接受了保守思想、並附從權威，就容易產生偏見。

哈德森的研究結果一公佈，馬上就引起了一場網路與輿論風暴。激進的自由派認為，這個發現完全證實了他們一直以來的懷疑。

但是，真相真的是如此嗎？保守派人士認為，雖然哈德森的研究控制了教育和社經地位的影響，但可能有其他統計上的偏誤（例如可能有某些共因或變因沒有被控制好）。此外，保守派人士也認為哈德森所提出的解釋根本毫無道理，畢竟，自由思想也有結構簡單的，不是嗎？

後續也有反對者指出，高智商的人可能只是比較會隱藏偏見罷了。

在第 108 屆社會科學年會上的一篇會議論文中[106]，社會學家沃德克（Geoffrey Wodtke）分析了 20,000 名高加索白種人的認知能力（語言智商）、對非裔美國人的態度、以及他們對一些降低種族隔離政策的接受度。

結果發現，與低認知能力者相比，高認知能力者在嘴巴上都會比較願意說：自己在「原則上」接受種族平等，也承認在職場中仍然有種族歧視現象。但是在實際的行為上，高認知與低認知能力者對於種族隔離政策的真實接受度卻是差不多。

有些人因此認為，高智商的人其實和低智商的人一樣充滿嚴重的偏見，只是高智商的人在接受研究調查時比較會偽裝、比較會說場面話，所以才看不出他們的隱藏偏見。

如此看來，自由派與保守派的分歧，不只在政治與社會上吵得不可開交，連相關的科學研究，現在也進入了證據分歧的局面。

---

[106] *Smart Enough to Know Better: Intelligence is Not a Remedy for Racism. American Sociological Association Annual Meeting, Aug-2013*

偏見幫助思考的效率

無論自由派與保守派雙方如何分歧，我們可以確定的是，人的思想中的確存在眾多的偏見。這不禁令人懷疑，這些許許多多「偏見」，真的是「錯誤」嗎？如果人腦有這麼多的錯誤，怎麼可能在演化過程中存活下來？

還是說，這些「偏見」其實能帶給我們某些好處？

事實上，這些偏見的確有其好處！如同我們在序章中所見，「偏見」其實也是大腦的一種「捷思」，因為，透過這些偏見，大腦可以幫助我們在面對過去曾經處理過的問題時快速作出決策，並把寶貴的腦力資源留下來處理困難的新事物。

例如，當我們有「嬰兒印象」的偏見時，我們才會在看到寶寶時產生一種「好可愛」並且想要疼惜的情緒和直覺想法。這種直接感受，可以讓父母們心甘情願的照顧寶寶，再多的辛苦，只要在看到寶寶時喚起了「嬰兒印象」，也就會甘之如飴。

定勢效應也是如此，當我們花費了許多精力找出一個不錯的解法之後，大腦就會試圖把這個解法設定成標準程序，下次再出現類似的題目時，我們就依照標準程序操作即可。這樣做，可以幫我們省下寶貴的腦力，用以處理其他的事物。

只不過，有利必有弊，節省了時間和能量，就有可能會出現錯誤。大腦的捷思可以幫我們省下寶貴的腦力資源，而我們付出的代價，就是有時候會反被聰明誤。

那麼要如何避免這些偏見、或正確的面對這些影響呢？其中一種對應方式，就是透過知識來對抗。我們常說，知識就是力量，在對抗偏見或各種潛意識訊息時，知識就是我們最好的幫手。

例如，在本書的前三章中，我們看到了許多潛意識資訊的影響，當我們透過知識的汲取，知道食物份量、天氣、名字等訊息，以及各式各樣的認知偏見都會不知不覺的影響我們的行為後，我們就能夠時時提醒自己這些資訊和偏見的存在，並告訴自己要抵抗這些訊息。在做決定時，也可以先想一想這些可能的偏見，不要太過倉促魯莽。研究顯

示，在一些情況下，如果受試者事先就明白某些訊息和偏見可能影響他們的決定，他們就比較有機會可以成功的抵抗這些訊息和偏見。

所以，只要先瞭解哪些環境訊息會偷偷影響我們，我們就可以正面對抗潛意識和偏見。透過科學知識和理性思考，我們將可以擺脫騙局、逼近世界的真實樣貌。

玩藝 0014

都是大腦搞的鬼

KO生活大騙局，揭露行銷詭計、掌握社交秘技、搶得職場勝利。

作　　　　　者 — 謝伯讓
封　面　設　計
內　頁　設　計 — Rika Su
主　　　　　編 — 陳慶祐
責　任　編　輯 — 簡子傑
責　任　企　劃 — 洪詩茵
總　　編　　輯 — 周湘琦
董　　事　　長 — 趙政岷
出　　版　　者 — 時報文化出版企業股份有限公司
　　　　　　　　108019 台北市和平西路三段二四〇號七樓
　　　　　　　　發 行 專 線 — （〇二）二三〇六—六八四二
　　　　　　　　讀者服務專線 — 〇八〇〇—二三一一七〇五
　　　　　　　　　　　　　　　（〇二）二三〇四—七一〇三
　　　　　　　　讀者服務傳真 — （〇二）二三〇四—六八五八
　　　　　　　　郵　　　　撥 — 一九三四四七二四時報文化出版公司
　　　　　　　　信　　　　箱 — 一〇八九九臺北華江橋郵局第九九信箱
時　報　悅　讀　網 — http://www.readingtimes.com.tw
電 子 郵 件 信 箱 — books@readingtimes.com.tw
第三編輯部風格線臉書 — http://www.facebook.com/bookstyle2014
法　律　顧　問 — 理律法律事務所　陳長文律師、李念祖律師
印　　　　　刷 — 綋億印刷有限公司
初　版　一　刷 — 二〇一五年五月一日
初　版　四　刷 — 二〇二三年七月十九日
定　　　　　價 — 新台幣 二七〇 元

都是大腦搞的鬼 / 謝伯讓著 .‥ 初版 .‥
臺北市：時報文化，2015.05
面；　公分
ISBN 978-957-13-6248-9(平裝)

1. 欺騙 2. 應用心理學
177　　　　　　　　　　104005147

時報文化出版公司成立於一九七五年，並於一九九九年股票
上櫃公開發行，於二〇〇八年脫離中時集團非屬旺中，
以「尊重智慧與創意的文化事業」為信念。

ISBN 978-957-13-6248-9
Printed in Taiwan